Le Chemin
Vers Le Sommet

Comment devenir et rester le Numéro 1
dans n'importe quel secteur,
vivre selon vos propres règles,
gagner une fortune
et devenir un modèle pour d'autres!

ISBN **978-2-9535146-4-3**

Code éditeur L4-1.7

Les Éditions ToutChange

350 Chemin Pré Neuf, Bureau 20882

38350 La Mure

France

L'avis des médias sur l'auteur

« Il est un peu gonflé ! »
Europe 1

« Des étudiants rougissants aux quadras divorcés, ils viennent de partout pour se faire secouer les puces par ce jeune coach. Bon pote soucieux d'aider... l'homme est crédible. »
Le Parisien

« Leur vidéo a fait plus de 40.000 vues en quelques semaines. Elle raconte l'histoire d'un couple qui est parti faire un tour du monde pendant six mois, pendant lequel ils se sont [fiancés], tout en gérant leur entreprise à distance.
Un pari osé voire délirant mais qu'ils ont tenu sans embûches. Quel est le secret de Sébastien Night, ce chef d'entreprise capable d'abandonner son business pendant de longs mois en ne travaillant qu'un lundi par semaine ? »
Le Petit Journal

« Il me fascine… Il a réponse à tout ! »
Sophie Davant, France 2

« Vous en rêviez, Sébastien Night l'a fait !
Patron d'un institut de formation, il est parti six mois en voyage et a parcouru le monde tout en gérant son entreprise. Aujourd'hui, il tire les enseignements du management à distance. Leçon d'organisation. »
Le Magazine Pharmacien Manager

« Il est bon, il est bon ! »
Jean-Luc Delarue, France 2
Emission "Toute Une Histoire", Février 2010

Avis d'entrepreneurs

Avis sur le livre “Le Chemin vers le Sommet”

« Des exemples concrets, un état d'esprit impeccable, de la bienveillance, des surprises même...
Sébastien nous transmet sa passion et son énergie en toute simplicité.
C'est un livre à lire avec un stylo et un carnet à côté de soi pour prendre des notes et noter les idées. Il nous donne toutes les cartes pour atteindre le sommet.
Sa lecture vous donnera de nouveaux objectifs ainsi que les clés pour les atteindre ! »
Géraldine Hary
Directrice des Editions P'tit Baluchon

« Ce livre m'a reboosté comme jamais !
Je vais redoubler d'entrain pour assurer le suivi de mes clients avec ces conseils. J'en tire également une leçon précieuse : il ne faut pas être honteux de vouloir être le Numéro 1 - et ce rêve est atteignable ! »
Julien Dechaume
E-Commerçant

« Tout simplement brillant !
Sébastien a l'art d'expliquer, de manière simple et accessible, des concepts qui pourraient sembler compliqués au premier abord.
Il vous donne un plan d'action et des conseils faciles à suivre pour développer votre entreprise.
Si vous voulez atteindre les sommets, devenir le N°1 de votre marché et le rester, les conseils de ce livre vous seront fort utiles. »
Laurent Dijoux
Auteur, Coach, Conférencier et Voyageur

« *Le Chemin Vers Le Sommet* permet de bien comprendre des concepts qui sont rarement abordés dans d'autres ouvrages.
J'ai particulièrement apprécié le chapitre expliquant "les trois façons d'atteindre le succès" ainsi que le chapitre "le véritable objectif (pour être le numéro 1)".
Un must pour tout entrepreneur!
J'aurais adoré avoir ce livre en main quand j'ai lancé mon entreprise ! »
Brigitte Fournier
Cofondatrice, JeTuNous.com et PourUneVieaDeux.com

« Lecture très enrichissante qui montre bien que la réussite et le succès sont à la portée de tous, à condition d'avoir les bonnes méthodes et de croire en soi ! Savoir oser oui, mais intelligemment. »

Walid Rahoui

Créateur de l'agence web Powerhouse

« *Le Chemin vers le Sommet* fait partie de ces livres que vous devez avoir dans votre bibliothèque.

A travers ces 150 pages, l'auteur nous donne une véritable formation marketing, parsemée d'exemples puissants tirés de ses propres expériences.

Si vraiment vous comptez réussir, alors vous devriez vraiment commencer par la lecture de cet ouvrage. »

Emmanuel Charles

Consultant Formateur

« Vous voulez devenir numéro 1 dans votre secteur ? Ce livre est fait pour vous !

La lecture se fait très facilement avec des exemples concrets. Il ne vous reste plus qu'une chose à faire : Passer à l'action. »

Anthony Riffard

Investisseur immobilier

« Dur de savoir par où commencer, car pour moi Sébastien est Numéro 1 dans tellement de domaines !
Je le suis, non seulement pour ce qu'il enseigne, mais surtout pour ce qu'il est.
Quelqu'un d'authentique et une véritable source d'inspiration. Merci pour tout, et merci pour ce livre. »
Victor Damásio
Organisateur du Congrès de l'Affiliation du Brésil

« J'ai été absolument passionnée du début à la fin !
De la fidélisation des clients à l'état d'esprit d'entrepreneur, sans oublier le développement de ses propres employés au potentiel maximal, l'auteur nous montre tous les aspects nécessaires pour qu'une entreprise devienne et reste numéro 1.
A peine le livre terminé, on a qu'une envie : mettre ces enseignements en pratique au plus vite ! »
Karinny Ank
Spécialiste E-Commerce

« Merci de tout cœur, j'adore mon métier mais cela faisait bien longtemps que je n'avais pas ressenti une telle énergie nouvelle dans mon travail ! »
Myriam Hoffmann
Consultante en Image

Avis sur le MasterMind “Les Agisseurs”

« Depuis que je fais partie de ce MasterMind, j'ai créé une offre irrésistible m'ayant permis de rentabiliser mon investissement financier dans le MasterMind en quelques mois.
J'ai aussi une nouvelle mentalité qui me permet d'obtenir tout ce que je veux. »
Eric Béhanzin
Directeur de l'école de chant CDC Gospel

« Je cherchais des effets de levier pour mon activité et j'en ai trouvé plein...
Je compte désormais faire bien plus qu'1 million de chiffre d'affaires grâce à toutes les astuces et cas concrets qui sont maintenant à ma disposition. Cela me fait considérablement gagner du temps ! »
Sébastien Rivière
Entrepreneur

« 20 cerveaux, 48 cerveaux valent mieux qu'un.
Avec un MasterMind, vous êtes entouré de personnes qui savent où elles vont, qui ont déjà défriché le terrain avant vous, et qui vous dévoilent les embûches avant que vous ne tombiez dessus...Ce n'est pas un hasard si tous les meilleurs entrepreneurs sont dans un MasterMind. »
Yoann Romano
Consultant et Coach

Table des Matières

Note de l'éditeur

Cet ouvrage, comme la majorité des livres de cette série des *Petits Livres pour que Tout Change,* est basé sur la transcription d'une conférence de l'auteur.

Nous avons, lors du travail d'édition, visé à épurer les inconvénients du langage oral - tout en conservant le dynamisme, la chaleur, d'un enseignement communiqué avec le cœur, par un spécialiste de son domaine.
Vous découvrirez donc sans doute, que cette langue "orale" parfois décriée par certains puristes du milieu littéraire, est la source d'un texte fluide, clair, agréable à lire et à relire.

Nous espérons que vous trouverez, dans les pages qui viennent, des conseils qui peuvent réellement tout changer dans votre vie personnelle ou professionnelle - et surtout, nous vous souhaitons de prendre un grand plaisir à découvrir et appliquer ces conseils !

- L'équipe ToutChange

Préface

Ce que vous avez à y gagner

Dans votre vie d'entrepreneur, la seule place à laquelle vous devriez tendre pour avoir la sécurité financière, la liberté de vivre comme il vous plaît et la tranquillité d'esprit d'avoir une entreprise prospère, c'est la place de Numéro 1.
En effet, en étant le Numéro 1, vous pouvez acquérir une liberté financière sans égale, mais également une qualité de vie personnelle et professionnelle formidable.

En étant le Numéro 1, vous ressentirez une grande fierté - celle de défendre vos valeurs, et de les répandre sur votre marché en contribuant davantage à la satisfaction des clients. En le faisant vous faites monter la barre d'un cran sur votre marché. Ceux qui vous voyaient autrefois comme un concurrent vous voient désormais comme étant sur un piédestal, comme étant un meneur qu'ils doivent suivre.

En devenant le Numéro 1, vous allez gagner le respect de vos proches qui, voyant que vous faites un beau travail, seront inspirés par la qualité de votre réussite, et ce peu importe votre métier ou votre secteur d'activité.

Devenez le Numéro 1, et vous serez libre d'organiser votre temps à votre guise, vous ne dépendrez de personne ; et surtout vous aurez une grande confiance en l'avenir.
Quand on est Numéro 1, les clients viennent "tout seuls": vous avez une nouvelle clientèle d'acheteurs qui se fient à la recommandation d'autres clients, et vous avez une clientèle constante et fidèle qui revient encore et encore, parce que ces clients sont devenus des *fans*.

Ce qui risque d'arriver si vous ne faites pas l'effort de devenir le Numéro 1

Si vous ne consentez pas à faire cet effort, vous risquez de garder "le nez dans le guidon".

C'est un paradoxe intéressant : le Numéro 1 a le temps et le loisir de réfléchir à sa vision stratégique à long terme.
Si, de votre côté, vous êtes quelque part *derrière* lui - quelque part entre la deuxième et la deux-millionième position - vous êtes sans doute tout le temps le nez dans le guidon, trop proche de la gestion au quotidien des tâches et des corvées de votre entreprise.

Ce manque de recul met perpétuellement en danger la vie de l'entreprise.

Si vous avez le nez dans le guidon, vous ne pouvez pas voir le camion du concurrent arriver en face.

Si vous êtes un suiveur, votre entreprise sera menacée par le moindre changement de votre marché : toute nouvelle offre, tout lancement de produit de la part d'un concurrent, peut vous faire mettre la clef sous la porte. L'entreprise d'un "Numéro 2" est sans cesse à la merci de nombreux facteurs extérieurs sur lesquels le suiveur n'a aucun contrôle.

Être le Numéro 1, c'est gagner en contrôle et en liberté.

Ce qui vous attend dans les pages à venir

Dans ce livre, je vais vous expliquer ce que c'est que d'être le Numéro 1, et comment le devenir.
Puis, je vais vous montrer le rapport tout particulier que le Numéro 1 entretient avec ses clients et comment il se crée des fans.

Ensuite, je vais vous montrer pourquoi vous devez vous entourer d'un nouveau cercle, à la fois au sein de votre entreprise, mais également dans votre vie privée et dans vos relations avec d'autres entrepreneurs.

Je vais donc vous expliquer comment se construit l'équipe qui entoure un Numéro 1. Nous discuterons de l'organisation de l'entreprise du Numéro 1. Je vais aussi vous montrer un outil extrêmement important pour vous propulser au sommet et y rester : le *MasterMind.* Ensuite, bien sûr, je ne manquerai pas de vous donner des conseils pour créer et entretenir un MasterMind.

Et pour terminer, vous allez découvrir comment faire savoir que vous êtes le Numéro 1… et comment conserver cette place !

C'est tout un programme !
Attaquons tout de suite avec le premier chapitre !

Chapitre 1.
Le Meilleur, le Premier, Le Seul… ou le Numéro 1

Aujourd'hui, la concurrence est exacerbée quel que soit votre secteur d'activité.

Un changement progressif pour l'entrepreneur

L'Âge d'Or où vous pouviez être "le seul"

Il était possible, il y a cent ans ou deux cents ans, d'être le seul dans votre secteur. Il était possible d'avoir inventé un produit ou un service que vous étiez le seul localement, nationalement ou mondialement à fournir.

En tant qu'unique fournisseur de ce produit ou service, vous aviez toute liberté sur vos prix, toute liberté sur votre offre. Vous pouviez même vous permettre de maltraiter vos clients et d'être désagréables avec eux sans risque, cependant, qu'ils aillent acheter ailleurs ce dont ils ont besoin. Votre idée, votre invention, devenait instantanément un monopole.

L'âge du copier-coller

Petit à petit, il est devenu facile de copier et dupliquer les systèmes et produits créés par les entreprises les plus performantes. Les barrières à l'entrée de beaucoup de secteurs ont diminué. Avec un capital raisonnable, un peu de malice et de débrouillardise, il est devenu possible à "Monsieur Tout Le Monde" de créer une entreprise dans à peu près n'importe quel secteur. Monsieur Tout Le Monde, n'étant pas lui-même inventeur, pouvait se contenter de devenir un détaillant ou un franchisé et de revendre un produit similaire au vôtre - créant ainsi de la concurrence directement sur votre territoire.

Là où vous étiez *le seul* (un argument imbattable), vous ne pouviez plus désormais qu'être :

- *le premier*, un argument trop creux pour réellement endiguer la fuite de votre clientèle. Après tout, "j'étais là avant" n'est pas un message marketing bien convaincant !
- ou alors vous étiez *le nouveau*, mais là également, c'est un argument peu solide, d'autant qu'il peut à tout moment survenir un *nouveau* nouveau venu pour vous rendre vous aussi obsolète.

À ce stade, pour s'imposer, il a donc fallu devenir "meilleur que". C'est à dire qu'il fallait désormais proposer un meilleur produit ou service à un meilleur

tarif, ou proposer un meilleur service après- vente, ou avoir un meilleur marketing, que le concurrent.
Mais jusqu'ici, la concurrence restait locale. Tant que vous pouviez garder un oeil sur la vitrine d'en face, il restait toujours possible d'être juste "meilleur que", c'est à dire être meilleur que le voisin, et de s'en contenter pour continuer à faire des ventes.
Est-ce toujours vrai aujourd'hui ?

Un nouveau changement : opportunité et danger

Aujourd'hui, Internet fournit à presque toutes les entreprises, un outil formidable, une opportunité sans égale, mais aussi un énorme défi à relever. Ce défi, c'est le problème d'une concurrence internationale pour de nombreux produits et services.

Dorénavant, votre concurrent n'est plus celui qui viendra installer sa boutique en face de vous, mais c'est quelqu'un d'une autre ville ou d'un autre pays. Parfois même, ce concurrent est situé à l'autre bout du monde, où les taxes, lois, et salaires minimum sont bien différents ; et il peut proposer un produit ou service concurrent du vôtre à un tarif tout simplement impossible à atteindre dans votre pays.

Vous voici maintenant face à un concurrent qui n'est plus le voisin avec qui vous pouviez discuter ou raisonner. Il ne s'agit plus du concurrent de votre village, que vous pouviez dénigrer puisque vous le connaissiez personnellement. Là, il s'agit plutôt d'une entité sans visage qui vous aspire vos ventes.

Aujourd'hui, il ne suffit plus d'être "meilleur que" pour réussir, mais il faut être **le meilleur** ; sinon vos chances de succès seront limitées parce que, désormais, le choix est plus large pour le client. Et je vais illustrer ceci par un exemple personnel, une situation que j'ai vécue.

Un exemple du quotidien

Il y a quelques années, j'habitais à Pornichet, une ville de la Loire-Atlantique au bord de la mer. Nous avions pris l'habitude d'acheter notre pain dans une boulangerie proche de chez nous mais dont nous n'aimions pas du tout le pain. Le seul mérite de cette boulangerie était d'être proche de chez nous.
Et puis un beau jour, nous avons acheté par hasard notre pain dans une autre boulangerie. Et notre oeil a été attiré par les intrigantes coupures de presse reproduites sur le papier d'emballage de la baguette.

Nous y avons appris que le boulanger, Anthony Quenouillère, âgé de 28 ans, avait participé à un concours et obtenu le Premier Prix du Croissant en 2010, et avait été champion d'Europe de boulangerie, catégorie viennoiserie.

Ce jeune boulanger fabrique ses propres viennoiseries (c'est le cas de seulement 2 boulangeries sur 10) et participe régulièrement à des concours comme ceux du Meilleur Artisan de France. Pour ne rien gâcher, cette boulangerie se trouvait à une distance à peu près équivalente à l'autre boulangerie par rapport à chez nous.

Si vous avez le choix entre un prestataire qui vous fournit un produit médiocre, et avec lequel vous n'avez pas de rapports particuliers ou un autre prestataire qui vous fournit un produit de grande qualité et qui sait mettre en valeur son expertise et sa position de Numéro 1, alors le choix est vite fait.

Le Numéro 1 peut d'ailleurs se permettre une certaine liberté sur les prix : la plupart des clients paieront sans ciller 1,10€ pour le plaisir d'un croissant "champion", plutôt que 90 centimes pour un croissant médiocre. Et ces 20 petits centimes représentent une différence de chiffre d'affaire de 22%, qu'il faut multiplier par le nombre de clients qui, après le premier essai, deviennent des fidèles.

Cet exemple concret montre bien comment le Numéro 1 tire profit d'un cercle vertueux : sa position de Numéro 1 lui permet de facturer plus, pour un meilleur service ; en engrangeant davantage de bénéfices, il peut fournir un service encore meilleur, et ainsi de suite.

Du point de vue de la boulangerie quelconque où nous achetions auparavant notre pain, et qui nous a “perdus” du jour au lendemain, notre disparition restera toujours un mystère.
Premièrement parce que nous n’avions pas de contact personnel avec cet établissement. Le boulanger et son équipe n’ont aucun moyen de savoir les raisons de notre insatisfaction et de notre départ. Et deuxièmement, il est fort probable que notre disparition ne soit qu’une goutte d’eau dans un océan de centaines de clients qui sont venus acheter, une à trois fois, au plus, leur pain dans cette boulangerie et n’y sont jamais revenus.
(Le chapitre 4 explique en détail comment éviter de laisser disparaître ainsi votre clientèle.)

Dans ce chapitre, je vous ai donc montré pourquoi il est presque impossible d’être *le seul* pendant une période prolongée, et pourquoi il ne suffit pas simplement d’être *meilleur que.*
Vous devez viser le rang de Numéro 1. Et le chapitre qui suit explique comment déterminer votre classement avec précision, pour devenir, et rester, Numéro 1.

CHAPITRE 2.
Être le Numéro 1 : Ce que cela veut dire.

Être premier... mais de quel classement ?

Je suis un compétiteur. J'ai l'obsession d'améliorer mon score, et quand il y a un score compté en nombre de points ou un classement, c'est pour moi un grand facteur de motivation. Quand mon coach sportif me dit "*Sébastien, tu as couru notre parcours en 14 minutes, est-ce que tu penses être capable de battre ce score la prochaine fois?*" ; ma réponse est toujours "Oui".

Cette réponse "*oui*" peut être entrecoupée de halètements après avoir zigzagué pendant 14 minutes entre les arbres d'une forêt, fait des pompes, fait des squats, fait des tractions ; entre autres tortures imposées par le rugbyman qui m'entraîne. Mais ma réponse sera toujours "*oui*" dès qu'il y a un score à battre, parce que je suis programmé comme cela.

Cependant, si vous n'êtes pas un compétiteur, si ce n'est pas votre façon de vous définir ; alors vous vous posez peut-être la question: "*qu'est-ce cela veut dire d'être le Numéro 1? Pourquoi lutter pour être le "Numéro 1", si on ne voit pas son entreprise comme un jeu ou une compétition avec un classement et des scores ?*" J'aimerais répondre dès maintenant à cette question.

Premièrement, commençons par quelques définitions. Être le Numéro 1, au sens où je l'entends dans ce livre, ce n'est pas être le premier dans un classement arbitraire établi par une "autorité" tierce que vous ne maîtrisez pas. Ce n'est donc pas le fait d'être le premier dans un moteur de recherche sur Internet. Être Numéro 1 au sens de ce livre ne signifie pas avoir plus d'étoiles que le voisin dans un guide de restauration. Selon moi, être Numéro 1 n'a rien à voir non plus avec le fait d'être classé comme "le moins cher" sur un site de comparateur pour votre type de produits ou de services.

Trois approches courantes

La notion de Numéro 1, pour être motivante, doit respecter un principe essentiel du développement personnel : vous devez prendre la responsabilité de vos résultats. Vous devez donc être le Numéro 1 dans une course dont vous maîtrisez les règles.

Voici trois critères souvent utilisés pour établir un classement entre les entreprises d'un même marché:

1. La compétence,
2. Le chiffre d'affaires,
3. La rentabilité.

La compétence

La première unité de mesure est la compétence. Le Numéro 1 serait alors l'entrepreneur qui est le plus compétent, le meilleur expert, le mieux documenté, le mieux renseigné.

À mes yeux, ce type de classement est beaucoup trop subjectif. Sur votre marché, il est possible que tout le monde annonce déjà être le meilleur parce que tout le monde se dit avoir le meilleur produit ou le meilleur service. Vous comprenez donc que cette annonce n'ait plus aucun effet face au client.

Le chiffre d'affaires

Le deuxième critère auquel on a régulièrement recours pour déterminer le Numéro 1 est le chiffre d'affaires. Il semble en effet plus objectif, pour savoir qui occupe la place de Numéro 1, de numéro 2 ou de numéro 3, de comparer les différents montants de chiffre d'affaires sur le même marché.

Ce type de mesure tend à être de la poudre aux yeux, parce que le chiffre d'affaires d'une entreprise ne reflète pas réellement sa réussite. Ce n'est pas le chiffre d'affaires d'une entreprise qui vous dira si cette entreprise sera encore ouverte l'année prochaine. Pour faire leur chiffre d'affaires, certaines grosses entreprises dépensent plus d'argent qu'elles n'en gagnent. Si vous dépensez 1,2 millions, il est facile de faire un chiffre d'affaires de 1 million d'euros. Cela ne fera pas de vous à mes yeux le Numéro 1, si dans un an vous coulez. Au contraire, vos concurrents qui font un demi-million de chiffre d'affaires tout en réalisant un bénéfice de 100 000 ou 200 000 euros ont sans doute mieux compris le secret de la longévité en affaires.

La rentabilité

Le troisième élément dont on se sert fréquemment comme unité de mesure est la rentabilité en pourcentage. Cette unité de mesure est également de la poudre aux yeux. Dire tout haut "nous sommes l'entreprise la plus rentable du secteur parce que nous faisons des marges de 70 ou 75%" ne devrait pas être un motif de fierté. C'est toujours possible et parfois facile de faire de grosses marges en limitant votre chiffre d'affaires, en limitant votre clientèle, en augmentant énormément le prix sur certains produits et en vendant très peu en volume.

Si vous limitez trop votre croissance, en vous tenant seulement à cette mesure par pourcentage, alors à mes yeux, vous n'êtes pas le Numéro 1. Vous êtes seulement en train de jouer à un jeu de miroirs qui ne fait pas de votre entreprise une réussite.

Comment déterminer qui occupe la première place

Je vous propose la définition suivante :

L'entreprise Numéro 1
est celle qui apporte le plus de valeur
sur son marché.

Voici cinq façons de mesurer la valeur que vous apportez sur votre marché :

- Nombre de clients-fans,
- Audience,
- Points de suivi,
- Bénéfice financier,
- Taux de réussite.

Premier critère : Le nombre de clients-fans

Dans le Chapitre 4, vous allez découvrir comment une entreprise peut transformer ses clients en *fans* - en acheteurs à répétition, qui parlent autour d'eux de cette entreprise et en sont les ambassadeurs.
Le nombre de ces fans peut se mesurer de deux façons.
La mesure exacte est celle expliquée au Chapitre 4 - connaître le volume d'acheteurs récurrents qui, chaque mois, garantissent un niveau de chiffre d'affaires régulier à votre entreprise.

Cependant, il est difficile d'obtenir cette information au sujet de l'activité de vos concurrents, et donc de pouvoir évaluer votre classement sur ce critère.

Il y a donc un autre chiffre, plus facile à suivre et à mesurer, et intimement lié au premier : c'est le nombre de témoignages de clients satisfaits reçus et diffusés par une entreprise.
Dans le Chapitre 10, je vous montre pourquoi et comment "faire de votre client une star" et utiliser les témoignages de vos clients satisfaits, comme principaux arguments de vente face à des clients potentiels.
Mesurer le nombre de témoignages positifs qu'on peut trouver au sujet d'une entreprise est assez facile, et donne une bonne idée du classement de la qualité des services rendus et de la valeur apportée par chaque entreprise, du point de vue du marché. C'est donc un de mes critères préférés pour le classement du "Numéro 1", car à mes yeux, le client a toujours raison.

Deuxième critère : Votre audience

Une des meilleures façons d'attirer des clients potentiels sur Internet est de leur proposer de l'information gratuite pour les aider à résoudre un problème ou atteindre un objectif, lié à votre produit.
C'est un thème que je développe en détail dans un autre ouvrage, *Vivez de votre savoir : 8 secrets pour vous*

concentrer sur votre passion, vivre confortablement de votre savoir, et toucher des milliers de personnes !

En échange de cette information gratuite, vous pouvez demander à l'internaute de fournir son adresse e-mail et ainsi vous constituer une base de clients potentiels ciblés. Vous communiquez alors vos valeurs auprès d'un grand nombre de personnes, et ce, même si tout le monde n'achète pas votre produit à la fin.
Par exemple, mes conseils amoureux pour les hommes célibataires ont touché plus de 105 000 abonnés à notre newsletter, et il y a eu plus de 7 millions de spectateurs sur les vidéos "Drague TV" que nous avons publiées en ligne. Et il y a autant de personnes, sinon davantage, qui ont vu des vidéos d'interviews ou des reportages au sujet de mes conseils en séduction sur des grandes chaînes nationales de télévision, ou lors d'émission radio.

J'ai donc touché énormément de personnes avec mes conseils gratuits, et cette base d'abonnés me permet de faire un chiffre d'affaires considérable avec la vente de mes produits et services.

Voilà donc une donnée concrète et facilement mesurable - car la plupart des sites disposant de conseils gratuits en vidéo, par e-mail ou sous un autre format indiquent clairement leur nombre d'abonnés.

On peut donc compter cette **audience** parmi nos critères pour évaluer le “Numéro 1” sur un marché.

Troisième critère : Les points de suivi

Un point de suivi, ou Point de Contact, est une communication entre votre entreprise et le client. Il peut s’agir par exemple d’un e-mail, d’un courrier postal, d’un appel téléphonique.
Si vous faites l’exercice que je vais vous conseiller dans un instant, qui est l’exercice du Client Unique (Chapitre 4), vous pouvez choisir d’être l’entreprise qui fait le suivi le plus intense et le plus complet avec vos clients.
Ceci vous permet de leur apporter le meilleur résultat possible lors de l’utilisation de vos produits, et donc de garantir leur satisfaction.
Comment concevoir un suivi sans faille ? Nous allons le voir d’ici quelques pages.

Comment mesurer le suivi proposé par vos concurrents ? C’est simple : arrangez-vous pour être sur leur liste de clients. Achetez un de leurs produits et observez comment on traite votre commande, comment on vous recontacte pour proposer des produits complémentaires, et prenez bien note de chacun de ces points de suivi.

C’est un exercice utile pour déterminer où vous en êtes dans le classement de la qualité du suivi client…

mais c'est aussi un exercice qui vous ouvrira les yeux sur les failles de leur système de suivi, et vous évitera de commettre les mêmes erreurs !

Quatrième critère : Le bénéfice financier

Le bénéfice que réalise votre entreprise est également le reflet de la valeur que vous apportez sur votre marché. Le bénéfice prend en compte à la fois le volume de ventes que vous avez réalisé et la propension de vos clients à payer plus cher pour la valeur ajoutée que vous mettez dans le produit.
Si votre client est prêt à payer plus cher que le prix de gros, ou à acheter chez vous plutôt qu'à la boulangerie d'en face, c'est, après tout, parce que votre activité crée de la valeur à ses yeux.

Comment déterminer le bénéfice des entreprises concurrentes ? De nombreux sites Internet, dont Societe.com, permettent d'avoir accès à certaines informations déposées au greffe chaque année par les entreprises. Ces informations incluent le chiffre d'affaires, et le résultat en fin d'exercice fiscal.

Cinquième critère : le taux de réussite

Vous avez sans doute constaté que les quatre critères que j'ai définis plus haut sont quantitatifs : votre nombre de fans, votre audience, votre nombre de Points de Contact avec le client et votre bénéfice peuvent tous augmenter de façon illimitée.

Le cinquième et dernier critère que j'ai à vous suggérer est qualitatif.
Quand un client achète votre produit ou service, cet achat fait partie d'un changement que le client veut effectuer. L'utilisation de votre produit ou service s'insère dans un projet, une transformation dont rêve l'acheteur, consciemment ou non.
Si vous savez décrire cette transformation de façon mesurable, alors vous pouvez optimiser votre produit ou service pour remplir cette fonction mieux que tout autre.

Claude Hopkins, entrepreneur et leader du monde de la publicité au début du XXe siècle, était un spécialiste dans ce domaine. Sa méthode consistait à trouver un problème ou objectif du client, et à mettre en valeur comment le produit dont il faisait la promotion proposait une solution unique - en s'appuyant sur des faits concrets plutôt que sur les mots creux habituellement utilisés par les publicitaires.

Avec cette méthode, il a ainsi propulsé au rang de Numéro 1 de nombreuses entreprises qui ont conservé cette position pendant des décennies, comme les pneus Goodyear, le savon Palmolive, les céréales Quaker et bien d'autres.

À vous de choisir votre critère

Nous sommes tous différents dans notre façon d'appréhender notre projet. Je pense que le point commun entre tous les lecteurs de ce livre, et le point commun que vous avez sans doute avec moi, c'est d'être enthousiasmé par votre projet, d'avoir envie d'en faire quelque chose de grand.

Peut-être ne définissez-vous pas votre projet comme faisant partie d'une compétition. C'est le cas par exemple de ma compagne qui a le projet de construire un jour une école. Elle est enseignante, et elle ne définit pas son projet d'école comme celui de créer "la meilleure de toutes les écoles". Elle définit plutôt ce projet comme "*créer une école où l'échec n'existe pas*". Elle a choisi une définition qualitative qui rend son projet exceptionnel : on peut mesurer l'échec scolaire. On peut prendre des mesures pour accompagner différemment les élèves en difficulté avant qu'ils ne soient en échec, et on peut mesurer, année après année, si ce taux d'échec s'approche de 0% ou l'atteint.

J'insiste sur ce point : quel que soit le critère choisi, vous devez prendre un critère objectif, mesurable, et qui vous amène à vous améliorer et à vous dépasser.

Vous devez choisir une définition qui rend votre projet exceptionnel, et vous allez juger votre avancement sur vos propres critères.

Un jeu gagnant-gagnant

On joue donc au jeu de devenir le Numéro 1. Vous jouez à un jeu où il y a un objectif à atteindre, il y a un score que vous pouvez mesurer; mais il y a un seul joueur et un seul arbitre: VOUS.
Vous ne pouvez que gagner et vos clients, évidemment, auront tout à y gagner.

Les règles du jeu

Le but de cet exercice est de vous aider à déterminer sur quel critère vous allez évaluer votre position de "Numéro 1".
Voici quelques questions utiles à vous poser - prenez quelques instants pour y réfléchir. Faites-le maintenant.
Les questions sont disponibles ici, sous forme de quiz gratuit :

www.LesAgisseurs.com/quiz

Après avoir répondu à ce quiz, le résultat vous sera affiché immédiatement.

Cette réflexion ne vous prendra que quelques minutes au grand maximum... mais du point de vue de vos clients, la différence est tout de suite visible entre une entreprise qui a une réponse claire à ces courtes questions, et une entreprise où personne n'a pris le temps d'y penser.

CHAPITRE 3.
Peut-on être Numéro 1 partout ?

Quand je préparais le projet de ce livre, une question m'a été posée par un entrepreneur sur le site Le Marketeur Français. Il m'a posé la question suivante: "*Sébastien, penses-tu qu'il est possible d'être Numéro 1 partout?*"

Quand on crée notre offre de produits et services, faut-il tenter d'être le Numéro 1 sur notre secteur tous azimuts et sur chacun des 5 critères à la fois ?
Avoir plus de clients-fans, plus de lecteurs des conseils gratuits, plus de témoignages, faire plus de suivi que quiconque, faire plus de bénéfice, avoir davantage de taux de réussite, et le tout en même temps ?

Ma réponse à cette question est : "oui c'est théoriquement possible ; et non, ce n'est pas la peine d'essayer", pour deux raisons.

Deux raisons pour lesquelles il est inutile de tenter d'être le Numéro 1 partout

La première raison pour laquelle vous ne devez pas tenter d'être le Numéro 1 partout est purement pragmatique ; et la seconde raison est liée à ce que j'appelle l'effet de halo.

Première raison : La règle des trois axes

J'ai conseillé une société de développement en logiciel du nom de PrestoMarket pour leur marketing et le lancement de leur activité. PrestoMarket est l'outil Numéro 1 pour les formateurs qui veulent héberger et vendre leurs formations sur Internet de façon sécurisée.
Ce type d'activité permet de démontrer très concrètement la règle des trois axes.

Sur un axe, vous avez le prix, sur un autre vous avez le temps, et sur le dernier, vous avez la quantité ou la complexité du projet.

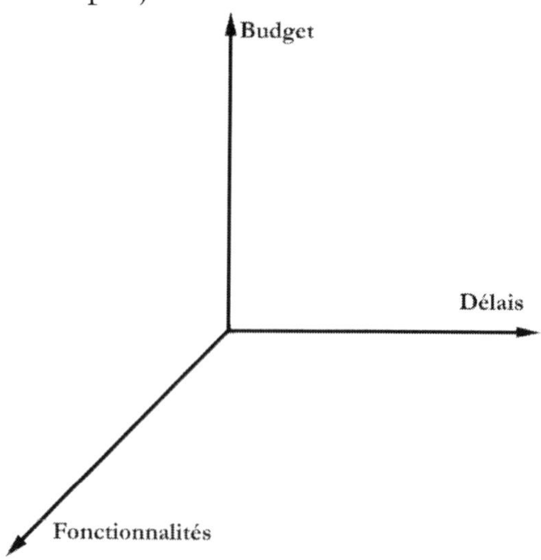

Une des théories les plus importantes du monde du développement logiciel est cette loi des trois axes.
Si vous essayez d'améliorer vos résultats sur l'un de ces trois axes, vous pouvez le faire, mais vous allez automatiquement empirer votre résultat sur un autre axe.

Si vous décidez d'augmenter la complexité de votre projet, en rajoutant de nombreuses fonctionnalités, vous ferez face à un dilemme. Soit vous allez embaucher une armée de programmeurs, ce qui va faire grimper vos Coûts en flèche. Soit votre longue liste de modifications prendra une éternité à réaliser (vous avez aggravé les Délais.)

Il se produit quelque chose de similaire si vous tentez d'être le Numéro 1 partout : dès que vous tirez dans une direction, il vous faut faire des sacrifices ailleurs.
Attention : Je ne dis pas qu'il est *impossible* d'être un jour Numéro 1 partout ; je dis que votre attention ne peut pas être partout à la fois. Choisissez UN critère sur lequel concentrer vos efforts.

Il y a une deuxième raison pour laquelle vous ne devriez pas essayer d'être le Numéro 1 sur plus d'un critère à la fois… et cette seconde raison va vous économiser beaucoup d'efforts.

Deuxième raison : L'effet de halo

Le cerveau humain est une machine formidable et très passionnante. C'est une machine qui cherche toujours à optimiser son fonctionnement et à prendre des décisions rapidement. L'effet de halo est un système qui permet au cerveau d'économiser du temps de réflexion, c'est un processus de généralisation. Voici en quoi il consiste.

Si nous attribuons des caractéristiques positives à une personne, une marque, un produit ou service, alors quand nous devons émettre un jugement sur un tout autre critère, nous allons conserver un *a priori* positif. Autrement dit, si vous faites une excellente première impression, son effet va persister.

Le cerveau généralise son appréciation positive du premier instant, à d'autres aspects. Le client a reçu votre colis en avance ; il est si ravi de cette bonne surprise que cela va affecter son opinion sur le produit lui-même, son avis sur la réactivité de vos employés au téléphone, etc.

Quand je donnais des conseils de séduction aux hommes célibataires, je leur rappelais souvent ceci :

Quand une personne vous aime, elle aime même vos défauts, mais quand elle vous déteste, elle déteste même vos qualités.

Vous avez sans doute déjà pu observer cela dans la vie de tous les jours. Si quelqu'un est apprécié, mais est un perfectionniste -ce qui est un défaut-, on aura tendance à en dire qu'il a *le souci du détail.*
À l'opposé, quand on ne l'apprécie pas, on aura tendance à dire de lui qu'*il ne finit jamais un projet*, qu'*il est toujours en retard*, que *c'est bien la peine de prendre le temps de s'appesantir sur des petits détails !*... et on n'aura pas une très bonne opinion générale de ce trait de caractère.
C'est l'effet de halo.

Voici comment cela s'applique à votre activité, à vos produits et services. Si vous faites une excellente première impression à l'acheteur sur un critère bien précis, alors ce client va avoir tendance à vous prêter de nombreuses autres qualités sans qu'une grande force de conviction soit nécessaire.

Conséquence directe : un client satisfait de l'achat de vos produits et services a beaucoup plus de chance de racheter un autre produit chez vous qu'un prospect qui n'a encore jamais effectué son premier achat. Je vous en reparlerai dans le chapitre suivant.

La place de Numéro 1 est à la portée de tous, vous y compris !

Voici une question postée par un jeune entrepreneur lors d'une de mes webconférences :

> *"J'ai déjà un mentor. Je sais que dans le secteur où je vais me lancer, cette personne est infiniment meilleure que je ne le suis aujourd'hui. Comment puis-je être tout de suite un Numéro 1 si je démarre à peine?"*

Tout comme cet entrepreneur qui se confiait à moi, vous doutez peut-être de vos capacités à pouvoir devenir le Numéro 1 dans un secteur où rivalisent déjà de grands noms.
Voici plusieurs conseils qui feront de vous un Numéro 1 malgré une rude concurrence.

Vous nagez dans un Océan Bleu d'opportunités inexploitées

J'ai un ouvrage à vous recommander sur le point que je vais développer ici. Ce livre de Renée Mauborgne et Kim Chan s'appelle *Stratégie Océan Bleu.* Dans cet ouvrage, ces deux chercheurs ont analysé le développement de nombreuses entreprises qui ont su s'établir comme Numéro 1. Des entreprises qui ont su proposer une offre novatrice et à s'affranchir de la concurrence.

Ces chercheurs décrivent des stratégies qui permettent de nager dans un Océan Bleu d'opportunités inexploitées et non dans l'océan rouge de la concurrence affamée de sang.

Changez le public visé

La première stratégie phare pour atteindre cette situation de Numéro 1 dans un Océan Bleu est de changer le public à qui vous allez proposer votre offre.

Plutôt que de proposer votre produit et service aux mêmes clients que celui de votre mentor, vous pourriez prendre un petit peu de temps pour réfléchir à une catégorie de personnes qui possèdent le même problème mais à qui une solution n'a pas encore été apportée.

Par exemple, quand j'ai lancé mon activité de coaching en séduction, j'ai choisi de ne pas m'adresser à un public anglophone et *in*, aimant utiliser des mots *hype* - c'est-à-dire la clientèle que courtisaient mes confrères coaches en séduction qui reprenaient le modèle américain.

J'ai choisi de ne pas utiliser des termes américanisés et des acronymes et de ne pas considérer les relations humaines comme un jeu vidéo, ce qui me démarquait clairement de mes concurrents. Au contraire, j'ai pris la décision d'utiliser des mots du langage courant, de

créer ma méthode entièrement en Français et de m'adresser à Monsieur "Tout Le Monde".
J'ai donc choisi de changer le public auquel s'adressait le coaching en séduction. Il s'agissait auparavant d'un service réservé à des apprentis dragueurs ayant pour unique objectif de séduire des femmes à la chaîne. Je me suis adressé à un public différent, Monsieur "Tout Le Monde", célibataire qui souhaite rencontrer la femme de sa vie.

Répondez à un problème différent

Un produit ou service est une solution, une réponse à une question.

La deuxième stratégie clé pour créer une situation d'Océan Bleu est de savoir changer la question. En d'autres termes, vous allez trouver un angle complètement différent pour proposer votre produit.
Au lieu de chercher à être le Numéro 1 sur les critères sur lesquels vos concurrents se battent déjà, vous allez vous poser ces questions :

- Quels sont les besoins du client ?
- Parmi ceux-là, quel est le besoin dont aucun concurrent ne parle, et que je pourrais évoquer pour me démarquer ?
- Quels sont, par conséquent, les critères de choix auxquels les autres ne semblent pas avoir pensé, et sur lesquels je vais me positionner ?

J'aimerais, à nouveau, partager un exemple issu de mes précédentes activités.

Jusqu'en 2009, je possédais une école de danse latine, et j'ai vite constaté que parmi les autres professeurs de salsa, beaucoup d'entre eux essayaient de donner le cours de salsa le plus pointu ou le plus exact, et d'être de façon générale, le professeur de salsa qui enseigne le mieux la salsa.

À l'opposé, ce qui m'avait beaucoup plu quand j'ai démarré l'apprentissage de cette danse latine, ce n'était pas l'apprentissage de passes ou de mouvements complexes. Je n'étais pas non plus particulièrement attiré au début par l'immense variété de styles et de différents rythmes de la salsa.

Tout le contraire de l'approche des puristes

Ce qui m'avait réellement plu c'était le fait de passer un bon moment dans un cadre social en rencontrant d'autres personnes, et de le faire dans un cadre qui détend tout le monde et qui rend les conversations faciles.

J'ai alors décidé que mon école ne serait pas nécessairement l'école de salsa Numéro 1 sur la complexité des passes que nous allions enseigner, ou sur l'exhaustivité des cours ou l'exigence de précision des mouvements.

Nous serions plutôt l'école de salsa qui serait la plus conviviale, la plus agréable à vivre.

Mes cours étaient donc davantage focalisés sur l'idée de "*passer du bon temps ensemble*" que sur l'obsession d'enseigner des pas de salsa compliqués. C'est ce qui a fait le succès de cette école de danse latine.

Nous sommes très vite passés d'un seul élève assistant à mon tout premier cours, à plus de 150 élèves - et ce, en facturant deux fois le tarif que facturaient mes concurrents locaux pour les cours à l'unité.

Un client, une fois convaincu de la qualité de votre produit ou service, est beaucoup plus enclin à acheter un second produit que quelqu'un qui n'a pas encore découvert votre entreprise, et jamais effectué son premier achat. C'est ainsi que vous pouvez vous créer des fans. Ces derniers sont des clients qui achèteront encore et encore, à mesure que vous leur proposez de nouvelles offres.

Dans le prochain chapitre, je vous explique comment vous devez agir pour avoir des fans.

CHAPITRE 4.
Comment vous créer des *fans*

Votre succès financier est déterminé par le nombre de *fans* de votre entreprise. Et je n'utilise pas ce terme de fans dans le sens que vous pourrez retrouver sur des sites de réseaux sociaux. Ce terme de fans pour moi est une constante du nombre d'acheteurs quand vous sortez ou lancez de nouveaux produits ou services.
Je me permets d'expliquer cela plus en détails.

Un chiffre d'affaires garanti

Imaginons que votre fichier clients - la liste de tous ceux qui ont acheté un produit chez vous par le passé - compte 2000 clients. Quand vous allez proposer un nouveau produit, il se peut que vous ayez 350 acheteurs parmi lesquels figurent 200 anciens clients et 150 nouveaux venus.

Si vous continuez de sortir un produit tous les mois, et que vous constatez que le nombre d'anciens clients qui achètent ce produit est systématiquement d'au moins 200, alors je considère que vous avez 200 fans.

Il ne s'agit pas nécessairement toujours des mêmes - un petit club qui achèterait à lui tout seul tous vos produits et services. Il s'agit plutôt de trouver quelle est la constante parmi votre fichier clientèle actuelle, et de créer cette constante sur laquelle vous pouvez compter si vous sortez un produit ou service majeur une fois par mois. Ce qui devrait être un objectif minimal pour la plupart des entreprises - pas seulement pour celles basées sur Internet.

A titre d'exemple, une de mes amies participant au marketing d'un magasin bio, travaille en ce moment à l'élaboration d'un calendrier d'évènements pour avoir chaque mois un évènement majeur mettant en relief un produit donné, le beaujolais nouveau bio, les pommes de terres nouvelles bio… et faire la promotion de ce produit en sollicitant les clients hésitants et les clients ayant la carte du magasin.

Laissez-moi vous expliquer pourquoi j'insiste autant sur la fidélité des clients existants plutôt que sur l'acquisition de nouveaux prospects pour votre entreprise.

Calculez votre Potentiel de Fidélisation

Dès que vous avez atteint une certaine masse critique, il vaut mieux insister davantage sur la fidélisation de clients existants que l'acquisition de nouveaux prospects. J'ai, en effet, découvert au cours de mon expérience dans de nombreuses activités dans des secteurs différents, un ratio de valeur entre les clients et les prospects qui est particulièrement motivant. Ce ratio, que j'appelle le Potentiel de Fidélisation d'une entreprise, varie entre 11 et 25.

Voici à quoi il correspond. Si vous faites une offre pour vendre un nouveau produit ou service à une centaine de clients et que vous faites la même offre à une centaine de prospects, alors vous allez avoir 11 à 25 fois plus de ventes sur votre liste de clients que sur votre liste de prospects. Précisons au passage que les prospects sont des personnes qui ont juste montré un intérêt, mais n'ont jamais fait d'achat chez vous.

Vous pouvez donc facilement calculer votre Potentiel de Fidélisation ("P.F.") : présentez votre nouveau produit à un nombre égal de clients et de prospects. Si 3 prospects et 45 clients achètent votre nouveau produit, votre P.F. est de 45/3 = 15.

Un exemple concret

En 2013, j'ai conçu un nouvel atelier visant à aider des entreprises déjà bien établies, à franchir la barre du million d'euros de ventes en 2 ans.

J'ai proposé cet atelier au tarif de 25 000 euros HT (avec une prime de réussite), et il m'a fallu mettre en place un processus de candidature pour m'assurer que tous les participants avaient le potentiel de développer leur entreprise au poste de Numéro 1 et au volume de chiffre d'affaires visé par la promesse de l'atelier.

J'ai annoncé cette candidature à deux de mes listes :

- une liste de 1200 de mes clients,
- et la liste de 20 000 entrepreneurs abonnés à ma newsletter "Le Marketeur Français".

147 entrepreneurs ont posé leur candidature, parmi lesquels j'ai fait une sélection de 37 entreprises ayant réellement les capacités financières pour payer l'atelier, et les capacités d'utiliser efficacement mes conseils. J'ai ensuite échangé avec ces candidats au téléphone pour choisir les 10 participants finaux à la première édition de l'atelier.

Au moment de rédiger ce chapitre, j'ai fait une petite recherche : sur les 37 personnes préselectionnées et prêtes à investir dans l'atelier, seulement 8 venaient de ma liste de prospects (et 29 étaient déjà clients).
Faisons le calcul :
29 clients prêts à acheter sur 1200 = 2,4%.
8 prospects sur 20 000 = 0,04%.
Potentiel Fidélisation : 2,4 / 0,04 = 60.

Chaque euro, chaque e-mail, chaque heure de mon temps investi à promouvoir mon atelier auprès de ma liste de clients a été 60 fois plus rentable que le même temps passé à essayer de convaincre des prospects.

Ce chiffre est particulièrement important parce que premièrement vos clients seront en général moins nombreux que vos prospects. Ce qui signifie que votre effort marketing n'a pas besoin d'être aussi immense si vous lancez un nouveau produit et que vous vous adressez intelligemment à vos clients en créant des fans, plutôt que de continuer à faire la chasse au nouveau client, comme vous le faites sans doute actuellement.

Si votre Potentiel de Fidélisation est faible

Si votre ratio est inversé - si vous présentez votre offre au même nombre de prospects et clients, et avez 45 prospects preneurs, mais seulement 3 clients qui rachètent - alors il y a un énorme problème - vous faites fuir vos acheteurs !

Une entreprise avec un P.F. inférieur à 10 - ou pire, inférieur à 1 comme dans mon exemple - a des soucis à se faire pour sa survie. Après tout, cela veut dire qu'à chaque vente que vous faites , vous vous “grillez” auprès d'un acheteur qui ne reviendra jamais.

Les deux priorités pour votre marketing

Maintenant que vous connaissez votre Potentiel de Fidélisation, votre marketing a désormais deux objectifs bien distincts.

D'un côté, acquérir le maximum de nouveaux clients avec un "produit d'appel," vous permettant de transformer très facilement un prospect froid en client chaud et motivé, et ce, même si vous ne faites pas de profit sur cette première vente.

Et en deuxième lieu, il faut faire un effort massif de fidélisation de ces clients en leur proposant d'autres produits et services. Il faut aussi capitaliser sur l'effet de halo obtenu lors de leur premier achat pour leur proposer des produits et services complémentaires.

Pour réaliser efficacement cet effort marketing de fidélisation de vos clients, il vous faut fournir un excellent niveau de service. Et, pour y arriver, un bon entraînement serait de réaliser l'exercice du Client Unique. Cet exercice m'est venu d'une idée suggérée au passage par un marketeur américain du nom de Tyler Garns qui travaillait dans une société d'auto-répondeur, c'est à dire un logiciel permettant de faire le suivi de ses clients de façon automatique par e-mail.

L'exercice du Client Unique

Voici la question clé de cet exercice :
Si vous n'aviez qu'*un seul* client, *un seul* acheteur cette année, et que tout votre succès, toute votre réussite pour les années qui viennent dépendaient uniquement de ce client….

Si vous deviez absolument faire de ce client un fan, quelqu'un qui serait extrêmement ravi de votre produit, du service que vous apportez autour de ce produit, sous peine de devoir mettre la clef sous la porte…

Si vous deviez faire en sorte que ce client ait envie de parler de vous à tous ses contacts professionnels et personnels, qu'il soit en quelque sorte à lui seul le porte-parole et le porte-flambeau de votre entreprise...
Si votre destin reposait entièrement sur la satisfaction de cet unique client, que feriez-vous comme suivi auprès de ce client ?

Vous feriez tout pour traiter ce client comme un roi, n'est-ce pas ?
Avec un enjeu pareil, vous ne reculeriez devant rien pour vous assurer que ce client reparte ravi !

Voici le nerf de la guerre : ce client existe. Il a déjà acheté un de vos produits. Et il y a de fortes chances qu'il ne soit *pas* aux anges.
En effet, beaucoup d'entrepreneurs considèrent leur clientèle comme un groupe sans visage, une masse de nombres anonymes. Même si vous pensez avoir une attention pour chacun, vous tombez probablement dans ce piège aujourd'hui.
Faisons cet exercice ensemble, et voyons où vous en êtes, et si vous pouvez améliorer vos chances de fidéliser ce client.

Première étape : Listez vos Points de Contact

Voici la première étape de cet exercice: faire un petit inventaire de l'existant.
Prenez une feuille de papier sur laquelle vous dessinez une case, qui correspond au premier contact que votre client potentiel va avoir avec votre entreprise.

Selon votre activité, il peut s'agir d'une visite de votre site Internet, d'une visite de votre page Facebook, ou autres réseaux sociaux, il peut aussi s'agir d'un appel de votre standard téléphonique.

Vous créez donc sur votre feuille une case :

Le prospect nous appelle.

Pour mon école de danse, par exemple, c'était la visite sur notre site Internet qui était notre premier contact, et l'appel sur notre standard téléphonique était en général leur second contact. Dans certains cas, il pouvait aussi s'agir d'une visite sur les lieux de nos cours du soir - le passant pouvait entendre de la musique et venir se renseigner, car nous étions dans une rue très fréquentée du centre-ville de Nantes.

La stratégie de l'échec : un seul Point de Contact

La plupart des entrepreneurs ont un schéma d'expérience du client qui s'arrête tout simplement là. Autrement dit, le client a un premier contact avec leur activité, et s'il n'achète pas tout de suite par sa propre décision, alors ce client va s'en aller.

Voici à quoi ressemble le schéma perdant :

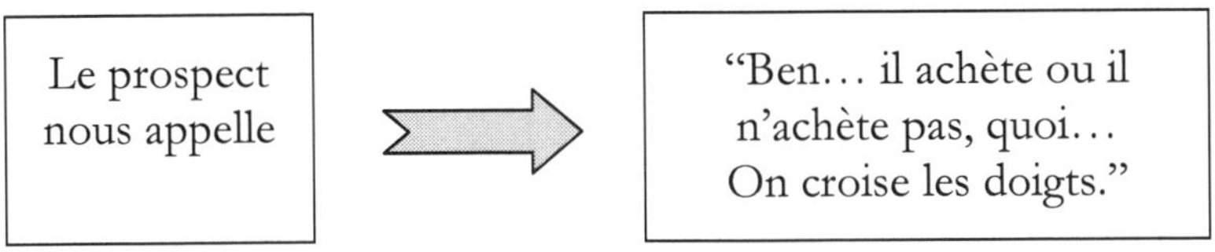

Les entrepreneurs qui ont compris le principe de fidélisation de leurs clients, et qui ont compris l'importance de se créer des fans, ont un système bien plus élaboré de contact avec leur client.

La première étape est en général d'obtenir les coordonnées du client potentiel afin de pouvoir reprendre contact avec lui au fil du temps, et ce, même s'il n'a pas acheté lors de sa première visite.

Comment appliquer ce principe essentiel

Dans un magasin

Récupérez les coordonnées des prospects pour leur proposer un tirage au sort offrant un produit gratuit chaque semaine ou chaque mois.

Sur un site Web

Proposez à votre prospect d'indiquer son adresse e-mail afin de recevoir une vidéo, une série de vidéos ou un livret électronique.

Au téléphone

Vous pouvez également appliquer ce principe quand un prospect appelle votre standard téléphonique, en lui indiquant qu'il y a en ce moment une offre spéciale qui permet de gagner un produit sur un tirage au sort - ou de venir récupérer ce produit au magasin gratuitement. Et si vous le faites, vous récupérez les coordonnées de ce prospect pour pouvoir lui offrir le produit gratuitement quand il passera au magasin.

Un exemple réel

Dans mon école de danse cela donne :

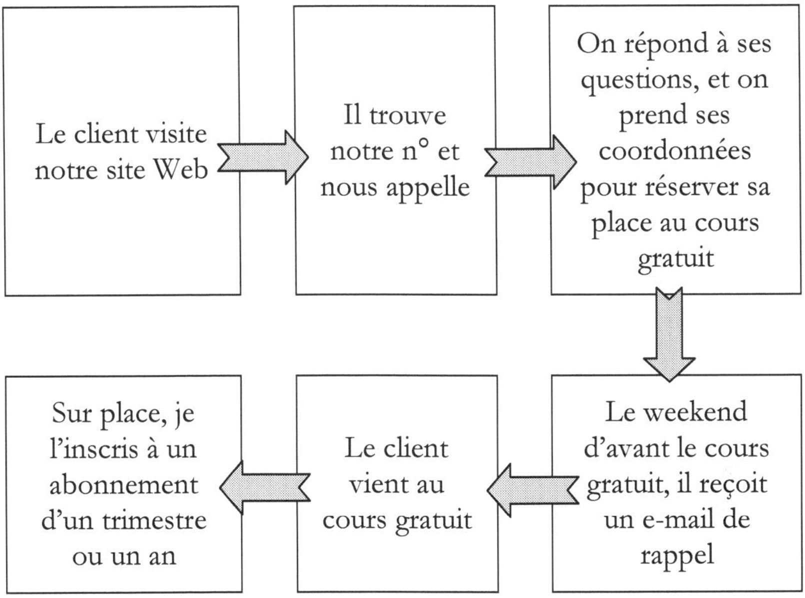

Comment un brin de ténacité a multiplié mes ventes par 10

Vous vous demandez peut-être : Pourquoi donc s'embarrasser à prendre les coordonnées de quelqu'un qui n'a jamais acheté vos produits et services ?
Tout simplement parce qu'il existe un autre ratio intéressant entre les ventes que peut réaliser une entreprise lors de son premier contact avec le

prospect, et les ventes que cette entreprise peut réaliser si elle effectue plus de sept contacts avec le même prospect.
Ce ratio est de 1 contre 10.

Il me suffit de faire un vote à main levée, à n'importe lequel de mes ateliers ou séminaires, pour voir que plus de 90% des participants ne sont pas là suite à leur première visite sur le site d'inscription à mon séminaire mais plutôt suite à l'inscription à ma newsletter par e-mail - deux ou trois mois auparavant.

Deux ou trois mois au cours desquels, ils ont reçu de nombreuses vidéos gratuites de conseils, des web conférences, des réponses à leurs questions, des livrets électroniques, et autres articles et conseils destinés à les aider à développer leur activité.

Si je comptais sur mon site pour vendre mes ateliers, j'aurais 5 participants. En proposant sur mon site du contenu gratuit en échange de l'e-mail des internautes, puis en envoyant régulièrement ma newsletter avec du contenu informatif et la mention de mes ateliers… j'ai 50 participants. Le calcul est vite fait.

Si vous n'avez pas à ce jour un mécanisme de contact de vos clients, alors je vous conseille vivement d'utiliser un outil informatisé afin d'automatiser ce contact. J'appelle cet outil Contacticiel ; d'autres préfèrent le terme Auto-Répondeur.

Une séquence en ligne... pour les faire sortir d'Internet

Et si votre activité n'est pas basée sur Internet, laissez-moi vous expliquer pourquoi cela s'applique également à vous. La plupart des magasins ont un avantage en commun avec mon école de danse : si un prospect vient sur place, vous pouvez être quasiment certain qu'il achètera (ou, dans mon cas, prendra un abonnement trimestriel ou annuel.)

Le but de votre séquence de suivi avec les prospects est donc de faire venir ces prospects, en chair et en os, sur votre territoire.

Pour cela vous devez offrir un cadeau qui n'attire que des prospects "qualifiés". Les seuls prospects qui s'inscrivent à un concours pour gagner un livre de recettes bio sont des prospects… qui veulent un livre de recettes bio ! Donc c'est un cadeau parfait si vous avez un magasin bio… mais une très mauvaise idée si vous tenez une boutique de vêtements. Choisissez donc un cadeau en relation avec le problème que résout votre produit ou service.

Soyez omniprésent

Une fois que vous avez récupéré les coordonnées de ces clients, voici comment vous allez développer votre exercice du "Client Unique".

Nous avions une première case qui était premier contact du client, vous allez ajouter une flèche et une seconde case pour le recueil des coordonnées de ce client potentiel.

Et nous n'allons pas seulement nous contenter de récupérer ses coordonnées, nous allons également continuer la relation avec cette personne en lui apportant de la valeur ajoutée. Nous allons donc ajouter quelques cases de contact avec cette personne.

Le nombre de Points de Contact que vous avez dans votre schéma va impacter énormément votre chiffre d'affaires. Je recommande donc à toute entreprise d'avoir au minimum sept prises de contact différentes, si possible sur plusieurs *media* différents. Cela peut se faire par envoi d'e-mail, de vidéo, de livrets PDF, de guides, ou de cadeaux qu'il faut récupérer à la boutique, etc.

Il existe des outils, comme je l'ai mentionné plus haut, qui vous permettent de préprogrammer une séquence d'e-mails que recevra votre prospect. Certains permettent même d'ajouter à cette séquence des SMS ou des courriers postaux pour toucher votre prospect de plusieurs façons différentes.

Quelle suite donner une fois que le prospect est devenu client ?

Plus vous êtes omniprésent dans l'esprit de votre prospect, plus vous allez créer une relation de proximité avec lui. Et ainsi vous lui démontrez que vous êtes le Numéro 1 dans l'attention que vous prodiguez à vos clients... Ce qui fera pencher la balance en votre faveur et déclenchera le premier achat Mais on ne s'arrête pas là !

Une fois que votre client potentiel a fait son premier achat, il serait bien peu malin de s'arrêter là et de se contenter de lui livrer le produit et de l'abandonner.

C'est là que l'exercice du Client Unique va prendre tout son sens. Souvenez-vous de la question clef de cet exercice :

> "Si tout l'avenir de mon entreprise dépendait de cet unique client, que ferais-je pour m'assurer qu'il sera satisfait à 100%, aura envie de revenir, et sera ravi de nous recommander à d'autres ?"

Pour vous donner une idée, analysons un peu le schéma de Client Unique de l'activité "Le Marketeur Français".

Le contact immédiat

Lorsqu'un client (appelons-le Michel Dupont) nous rejoint lors de l'achat d'un de nos produits haut de gamme, il y a un premier contact immédiat sur le site sur lequel il a passé commande : c'est la page de remerciement.

Il va y trouver un message de confirmation lui donnant les détails d'accès au produit qu'il a acheté, et lui annonçant un bonus.

Sur la plupart de nos formations, nous offrons en effet un bonus en deux parties : tout d'abord un complément livré de façon électronique, immédiatement, pour que le client n'ait pas à attendre le début de la formation. Et une autre partie du bonus est immédiatement mise sous enveloppe au nom du nouveau client et envoyée par la Poste.

Le contact par e-mail

Second Point de Contact, quelques instants plus tard par e-mail : ce client va aussi recevoir un contact de la part d'une des membres de mon équipe pour le remercier de son inscription et lui rappeler tous les liens d'accès nécessaires afin qu'il puisse sauvegarder ces informations clefs.

On lui communiquera le numéro de téléphone auquel il peut nous joindre chaque jour de la semaine.
À ce stade, Michel Dupont sait qu'il est entre de bonnes mains, et dispose de tous les éléments pour démarrer sa formation dans de bonnes conditions.

Le lendemain, bonne surprise : Michel va recevoir gratuitement une invitation à participer à une session de coaching téléphonique lui indiquant quelles sont les prochaines étapes à suivre pour le développement de son activité.
S'il l'avait achetée séparément, cette session lui aurait été facturée 97 euros hors taxes, mais en tant que nouveau client, nous la lui offrons gratuitement et cela nous permet d'aiguiller Michel dans la bonne direction pour qu'il tire le maximum de sa formation.

Nous lui dirons sur quoi il devrait se concentrer pour exploiter au mieux ses forces, et nous lui permettrons également de voir les pièges que son entreprise doit éviter au cours des prochains mois. Nous donnons donc de nombreuses informations qui vont l'aider de façon personnalisée à développer son activité.

Quelques jours plus tard, dans sa boîte aux lettres...

Souvenez-vous, quelques instants après son achat, nous avons lancé l'expédition d'un cadeau postal à notre nouveau client.

M. Dupont va donc trouver, quelques jours plus tard, un courrier postal dans sa boîte aux lettres avec les secrets marketing que j'ai mis en relief lors de ma rencontre avec un entrepreneur qui dirige son activité de main de maître. Secrets que j'ai pris la peine de rédiger sous une forme de petit dossier et qui constituent donc le premier épisode de la série des Courriers des Entrepreneurs (anciennement appelée "La Lettre du Marketeur Français".)

30 jours décisifs

Supposons que Michel Dupont ait commandé chez nous une formation d'une durée d'un mois, qui commence le Lundi suivant son achat.

Nous avons donc fait une solide première impression avant même que la formation commence ; et nous faisons évidemment le maximum au long de cette formation pour l'aider.

Michel reçoit bien sûr plusieurs e-mails, lui donnant accès au fur et à mesure aux différents modules de formation en vidéo, hébergés sur notre site sécurisé.

Comme nous utilisons PrestoMarket, une plate-forme de formation vidéo qui permet de créer un forum privé pour les membres, Michel a accès à un espace sur lequel il peut échanger avec nos autres clients et

poser ses questions - et ainsi avoir des retours de la part d'autres entrepreneurs aguerris.
Toujours au sein du site privé, Michel a également la possibilité d'échanger avec mon équipe via un *tchat* en direct à mesure qu'il suit les vidéos de formation, au cas où il aurait des questions.

Rien qu'au sein du produit de formation lui-même, notre client a donc accès à plusieurs modes de communication avec l'équipe ou avec les autres membres :

- L'email
- La vidéo et l'audio sur le site
- Le forum
- Le *tchat* (discussions en direct par écrit)

À cela s'ajoute :

- Le téléphone lors de son appel de bienvenue mais aussi lors de l'appel de coaching s'il a accepté notre proposition,
- Le Courrier des Entrepreneurs, reçu par la Poste, avec mon dossier de conseils - c'est le premier d'une série car nous allons lui envoyer pendant six mois ma newsletter *Courrier des Entrepreneurs* à titre gratuit par la Poste,
- Des invitations à des web conférences que j'organise ; et s'il ne peut pas y participer, Michel pourra suivre la rediffusion de ces web conférences,

- Une invitation à la rencontre biannuelle des clients actifs du Marketeur Français (à Paris) ou à d'autres rencontres lors de mes déplacements dans d'autres villes de France, du Québec, ou d'autres lieux francophones,
- Et peut-être un livre ou deux, car il nous arrive régulièrement d'envoyer des livres en cadeau à nos clients quand nous pensons qu'un ouvrage donné peur être utile à un client pour ses objectifs du moment.

Grâce à cet exercice du Client Unique, nous avons donc inséré plusieurs dizaines de contacts avec le client qui lui permettent d'avoir les réponses à toutes ses questions.

Ce client se sentira toujours accompagné, et saura que nous sommes investis dans son projet.
Tout ceci le surprendra sans doute agréablement parce qu'il ne s'attendait certainement pas à tant d'attention de notre part.

Évidemment, si jamais un client ne souhaitait plus recevoir notre newsletter par la Poste, par e-mail, ou ne souhaitait plus être contacté, il a la possibilité de se désinscrire de notre liste et de cesser de recevoir tous ces cadeaux que nous envoyons. Le moins qu'on puisse dire, c'est que ce cas est plutôt rare.

Voici donc les grandes lignes du schéma Client Unique que nous avons à l'heure où j'écris ce livre, pour mon entreprise, Le Marketeur Français.

Vous imaginez bien qu'un client qui est dans ce schéma de Client Unique, et qui aurait un jour un autre besoin de formation marketing, ne se posera pas longtemps la question de savoir où il doit chercher la réponse à ses questions.

Il se contentera simplement de nous envoyer un e-mail ou de nous passer un coup de téléphone nous demandant si nous avons une formation appropriée pour son besoin, ou le cas échéant, si nous pouvons lui en recommander une. Chose que nous ferons avec plaisir.

A votre tour de jouer

Cet exercice du Client Unique peut faire grimper en flèche votre Potentiel de Fidélisation.
Je vous recommande de le faire dès maintenant :
Prenez une feuille de papier et dessinez une case indiquant l'achat de votre produit; et réalisez maintenant votre exercice du Client Unique.

À partir du moment où ce client vient de faire son achat... et s'il n'y avait qu'un seul client, que feriez-vous pour lui faire vivre une expérience exceptionnelle ?

Une fois que vous avez fait l'exercice en pensant à un seul client, vous pouvez mettre en place un système pour automatiser ce suivi à tous les clients.

Cela ne peut marcher que si vous commencez avec à l'esprit une personne unique - donnez-lui un prénom, cela aide beaucoup. Cela ne marchera pas si vous pensez "en masse" et si vous dites "on va *leur* envoyer une newsletter de bienvenue". Je peux vous garantir que si vous pensez ainsi, cet e-mail n'aura pas du tout la même portée que si vous pensez "que devrais-je envoyer *à Mélissa* - ma nouvelle cliente - pour qu'elle soit contente de son achat ?"

Cet exercice est extrêmement important pour vous démarquer de la concurrence, fidéliser vos clients et garder un contact personnel, unique, un contact de Numéro 1 avec votre clientèle.

Au cours des précédents chapitres, j'ai beaucoup parlé de l'interaction du Numéro 1 avec ses clients. Bien que le marché soit un élément majeur, de nombreux autres facteurs ont une influence sur vos chances de devenir et rester le Numéro 1.

Parmi ces facteurs, votre entourage revêt une importance cruciale, comme je vais vous le montrer dans le prochain chapitre.

CHAPITRE 5. L'entourage du Numéro 1

Qui se ressemble s'assemble

Si aujourd'hui vous n'arrivez pas à avoir les résultats que vous visez dans votre vie personnelle, ou dans votre activité professionnelle, voici une constatation qui devrait particulièrement vous marquer.
En tant qu'êtres humains, nous sommes des animaux sociables et notre cerveau est une formidable machine d'auto-adaptation. Parmi les facteurs de motivation qui sculptent avec force notre comportement, les attentes de nos proches figurent en tête.

Comme les Frères Dalton

Constituons un groupe composé des 6 personnes que vous fréquentez le plus, et rassemblons ces personnes dans une même pièce.

À partir uniquement d'une rencontre avec ces 6 personnes, je serais certainement capable de dessiner un portrait-robot assez précis de votre personne. En effet, en observant ces 6 personnes et en discutant avec elles pendant quelques minutes à peine, on pourrait déduire vos tics de langage. On pourrait déduire votre niveau de langue, on pourrait probablement déduire le niveau de vos finances, on pourrait aussi avoir une idée assez précise de votre façon de vous habiller, on pourrait se faire une idée de votre forme physique et de votre santé actuelle.

Les 6 personnes que vous fréquentez le plus ont davantage d'influence sur vous que vous ne le pensez. Pourquoi ?

Comme je vous le disais à l'instant, le cerveau, est une parfaite machine d'adaptation. Et de ce fait, nous avons tendance à nous synchroniser sur les attentes que notre groupe a envers nous. Faites cet exercice, pensez-y maintenant et listez les 6 personnes avec qui vous partagez le plus de temps et d'énergie.

Ensuite, analysez pour ces mêmes personnes leurs tics de langage, leur façon de se présenter, leur vision du monde, leurs finances, leur façon de s'habiller, leur force physique et leur santé. Il est fort probable que vous ne soyez pas très loin de la moyenne de ce groupe des 6 personnes.

Si sur une photo de groupe avec votre "Top 6", 5 d'entre eux ont des tatouages, alors je n'ai pas besoin de vous connaître pour parier que vous en avez aussi.
Imaginez : vous fréquentez intensément 6 personnes différentes (conjoint(e), assistant(e), ami(e)s et famille) et toutes les 6 sont accros à la cigarette. On n'a pas

besoin de vous avoir rencontré pour savoir que vous avez un paquet dans la poche de votre veste.
Si 4 personnes parmi les 6 disent une "bagnole" et pas une "voiture", alors c'est sûr, vous dites aussi une "bagnole".
(Si 5 personnes parmi les 6 que vous fréquentez le plus disent "un véhicule", alors vous êtes probablement gendarme.)

Choisissez qui vous entoure

Voici une conséquence inattendue de cette constatation. Vous pouvez influer sur votre qualité de vie, tout simplement en ajoutant des personnes nouvelles à ce "Top 6" des personnes que vous fréquentez le plus. Cela a une importance toute particulière quand il s'agit de développer votre activité.
Premièrement, cela a une importance quand il s'agit d'augmenter votre chiffre d'affaires. En effet, une entreprise réalisant un chiffre d'affaires d'un million d'euros n'a pas du tout les mêmes systèmes et la même structure qu'une entreprise qui réalise un chiffre d'affaires de 5 millions ou 10 millions d'euros.

Si votre chiffre d'affaires est en ce moment de seulement 100 000 euros ou 200 000 euros, alors vous ne pouvez pas deviner tout seul la structure et le système de marketing que vous devez mettre en place pour faire dix fois le chiffre d'affaires que vous faites actuellement.

Vous pourriez tenter de réinventer la roue, mais un simple regard sur le parcours des personnes qui ont réussi dans votre secteur ou dans un secteur proche du vôtre vous permettra sans doute de vous rendre compte que la plupart l'ont fait sur plusieurs dizaines d'années.

Par contre, pour ceux ont eu un succès rapide, et ont très rapidement réussi à faire croître leur entreprise, la clef du succès a sans doute été un mentor. Quelqu'un à qui ils pouvaient poser des questions et de qui ils recevaient de très utiles conseils et suggestions. C'est ce qui leur a épargné des années d'errance.

Deux raisons de bien choisir votre Top 6

Éviter les pièges

La première raison donc pour laquelle je vous encourage à vous entourer de nouveaux cercles c'est que cela va vous faire progresser énormément. En effet, si vous augmentez la qualité moyenne de votre Top 6, vous aurez accès à des personnes ayant l'expérience et les réponses à des questions que vous allez inévitablement rencontrer, en avançant sur ce chemin vers le sommet.

Changer la donne

La deuxième raison est plus subtile : Si vous n'êtes pas aujourd'hui le Numéro 1, il est extrêmement difficile de chambouler l'ordre établi sur un marché sans apporter d'innovation. Selon Al Reis et Jack Trout, auteurs de *Positioning*, on retrouve en général, les 3 positions suivantes dans la bataille pour être Numéro 1 dans l'esprit du client :

Le Numéro 1 occupe 50% du marché ou plus, le numéro 2 représente environ la moitié du volume du Numéro 1, et le Numéro 3 et les suivants se partagent quelques miettes.

La stratégie du Numéro 2 est souvent entièrement basée sur une réaction à celle du Numéro 1 : Le Numéro 2 va soit imiter, soit contrer, les innovations du Numéro 1.
Quant à la stratégie du Numéro 3 et des autres, il s'agit bien souvent de stratégies qui réagissent aux changements apportés par les 2 premiers sur le marché, ou d'une spécialisation tellement fine que le Numéro 3 ne s'adresse qu'à un segment infinitésimal du marché.

Si vous êtes sur un marché structuré de cette façon, alors vous n'avez aucune chance de chambouler l'ordre établi, de changer la donne en vous contentant de réagir aux innovations apportées par le Numéro 1.

La seule solution : innover

Il vous faudra devenir un innovateur si vous voulez pouvoir changer la donne et accéder au statut de Numéro 1. Or le meilleur moyen d'être un innovateur est de trouver des idées qui ont déjà marché dans un autre domaine que le vôtre. Je répète : Le meilleur moyen est de chercher vos idées *en dehors* de votre cercle habituel.

Plutôt que d'imiter ou de contrer les mouvements de la concurrence, vous pourriez chercher un marché parallèle au vôtre et sur lequel une innovation a permis à un nouveau venu d'atteindre rapidement la place de Numéro 1.

Par exemple, j'ai fait figure d'innovateur sur mon marché en ayant inventé mon *Courrier des Entrepreneurs*, ressuscitant ainsi l'utilisation du courrier postal pour promouvoir des formations marketing sur Internet, alors que les seuls moyens de communication utilisés par mes confrères sont l'e-mail et les réseaux sociaux. Pourtant, je n'ai rien inventé.

Le *Courrier des Entrepreneurs* dont je vous parlais précédemment, et que j'offre en bonus à mes clients, est un important moyen de fidélisation. Il est très difficile d'ignorer un courrier personnel que vous recevez par la Poste - avec un cadeau dans l'enveloppe qui suscite votre curiosité.

Cette lettre me permet de générer un chiffre d'affaires considérable en incitant mes clients à revenir sur mon site et à y découvrir mes nouvelles formations. Mes clients apprennent aussi beaucoup de choses en lisant ces lettres, et elles me permettent donc de me différencier de concurrents qui ont vite fait de copier toute idée alléchante utilisant le média électronique, mais qui n'osent pas toucher le média papier.

Cette idée du courrier postal n'est pas pour autant une pure invention de ma part. Le *Courrier des Entrepreneurs* est une idée inspirée d'une newsletter éditée par feu Gary Halbert, qui fut l'un des plus grands rédacteurs publicitaires au monde. Il est décédé en 2007, mais ses newsletters sont accessibles gratuitement sur Internet et constituent une ressource passionnante (en Anglais) pour quiconque s'intéresse à la rédaction de messages marketing percutants.

Lors de mon apprentissage de la rédaction publicitaire et de ma découverte du monde du marketing, j'ai été particulièrement ému par le lien personnel que Gary avait avec ses lecteurs. Au fil de sa carrière, il a généré des millions d'euros de ventes pour lui-même et des milliards d'euros de ventes pour ses clients, tout en leur écrivant chaque mois, pendant près de 20 ans, ce courrier tantôt drôle, tantôt sérieux, toujours fascinant, pour partager ses enseignements et vendre ses produits.

J'ai alors pris comme modèle ce vieil homme rondouillard et barbu, un peu bourru ; et j'ai repris et adapté en 2014 en France une innovation lancée par Gary en 1986.

C'est en allant chercher des idées fraîches en dehors de votre cercle habituel que vous allez accéder au statut de Numéro 1, et y rester.

Une source d'inspiration inépuisable

Le meilleur moyen de devenir un innovateur dans votre secteur est de trouver des personnes qui sont Numéro 1 dans leur secteur d'activité respective, mais ne travaillant pas dans le même secteur d'activité que vous.
Avec ce nouveau "Top 6" vous allez pouvoir échanger des idées qui marchent et qui, dans le secteur de chacun, seront entièrement nouvelles. Ainsi, vous économiserez les uns aux autres les frustrations et les coups d'essais infructueux.

Aimeriez-vous un autre exemple ?

Vous souvenez-vous du schéma de Points de Contact pour mon école de danse ? Celle qui a rassemblé, en peu de temps, plus de 150 élèves tout en facturant le double du tarif de la concurrence ?

Ce qui m'a inspiré pour créer le marketing de cette école, c'est quand j'ai découvert la façon dont Jermaine Griggs, un jeune musicien, a transformé son petit projet de cours de piano en une franchise internationale qui réalise des millions d'euros de chiffre d'affaires. Jermaine et moi faisons partie aujourd'hui d'un groupe d'entrepreneurs qui se réunit régulièrement.

Son succès m'a fait découvrir des stratégies pour développer mon école de danses latines (et mes projets suivants) comme jamais je ne l'aurais imaginé à mes débuts…

Et de mon côté, je pense avoir également eu ma petite influence puisque depuis que sa femme a vu la vidéo du tour du monde que j'ai fait avec ma fiancée en 2013, elle n'a de cesse de lui faire réduire ses heures de travail pour qu'ils puissent eux aussi profiter de la liberté que devrait leur permettre leur entreprise !

CHAPITRE 6.
L'équipe du Numéro 1

L'un de mes proverbes favoris est: "*qui veut aller vite va seul, qui veut aller loin, va accompagné*".
Je suis convaincu que la meilleure façon de réussir et de devenir le Numéro 1 est de savoir s'entourer des meilleurs. Il faut en effet s'entourer de personnes qui ont cet état d'esprit.
Jim Collins disait:

> "*Il faut commencer par amener les bonnes personnes dans le bus, et les mettre dans les bons sièges, puis il sera très facile d'amener le bus à la bonne destination*".

À la recherche du Feu Sacré

Composez une équipe de personnes passionnées. Vous aurez une équipe où chacun vise l'excellence dans son travail.
Pour cela vous devez vous entourer de personnes qui trouvent ce que j'appelle leur "Feu Sacré" dans le métier ou la profession pour laquelle vous les engagez.

Dan Sullivan, qui est le fondateur du programme Strategic Coach, a créé un concept qu'il appelle "*Unique Ability*".

Selon lui, toute personne possède une ou plusieurs compétences, une ou plusieurs aptitudes dans lesquelles elle brille et peut atteindre un niveau de classe mondiale. Quand nous mettons en oeuvre une telle compétence, nous ne voyons pas le temps passer. J'appelle cela votre "Feu Sacré."

Il s'agit d'activités que nous aimons faire et dans lesquelles nous sommes exceptionnellement bons. Nous serions capables d'apprendre et d'implémenter ces compétences jusqu'à devenir le Numéro 1 mondialement reconnu dans ce secteur.

Je suis convaincu que tout le monde possède une de ces aptitudes. Seulement, il y a très peu de personnes aujourd'hui qui utilisent leur Feu Sacré. Pire : peu de personnes acceptent de croire qu'elles disposent d'une aptitude dans laquelle elles peuvent briller, et devenir un jour Numéro 1.

Au fil du temps nous avons adopté un exercice que nous réalisons dans notre équipe, au sein du Marketeur Français, dont le but est de déterminer le Feu Sacré de chaque membre de l'équipe.

Si vous savez déterminer quel est le Feu Sacré de chacun des membres de votre équipe et que vous le faites travailler uniquement dans son Feu Sacré, alors cette personne sera plus motivée, plus efficace. Elle

produira des résultats d'excellente qualité et ne vous décevra jamais.
Par contre, si vous tentez de forcer quelqu'un dans la réalisation d'une activité qui n'entre pas du tout dans son aptitude unique, alors vous allez uniquement créer de la frustration et vous vous retrouverez avec une équipe mécontente, désabusée et démotivée.

A titre d'exemple, j'ai récemment engagé une équipe de marketeurs et de copywriters pour m'aider à rédiger les messages marketing et publicitaires de mon entreprise. Le second but est de me permettre de fournir ces prestations à notre clientèle de chefs d'entreprises qui souhaiteraient déléguer certains aspects de leur marketing.

Il se trouve que l'aptitude unique, ce que j'appelle le Feu Sacré, d'un marketeur ou d'un copywriter est très différente de l'aptitude d'un relecteur.

Cela veut dire que la plupart des personnes extrêmement talentueuses pour rédiger des messages de vente vont le faire sans se soucier particulièrement de la grammaire ou de l'orthographe. Ils ont ce savoir-faire de la vente qui peut être enseigné mais dont la passion ne peut venir que de l'intérieur.

Si vous confiez à la personne qui rédige votre script de vente la mission de *relire* votre script de vente, vous allez à frustrer cette personne en la forçant à relire un texte dont elle est trop proche. Ce serait comme si vous l'ameniez à effectuer une tâche de secrétariat qui lui donnera des cheveux blancs pour un résultat médiocre !

Il y a une autre option : vous pourriez confier cette tâche à quelqu'un dont l'aptitude unique est justement de vérifier l'accord d'un texte aux règles de la grammaire et de l'orthographe. Cette personne pourra aussi vérifier sa conformité au besoin que vous aviez soumis au départ.

C'est pour cette raison que dans mon équipe j'ai également un relecteur qui est chargé de relire tous nos textes qui vont être envoyés aux clients.

Mes marketeurs adorent écrire, mon relecteur adore relire. Chacun fait ce qu'il aime et fournit une qualité de travail digne d'une entreprise Numéro 1.
Même si votre équipe est encore bien plus petite - même si vous devez engager vos coéquipiers, prestataires et employés à temps partiel ou très partiel - faites-le en vous assurant que chacun travaille dans son Feu Sacré.
Il n'y a pas de place pour la médiocrité dans une entreprise Numéro 1 !

Les deux entourages d'un entrepreneur Numéro 1

Comprenez bien que vous devez vous créer deux entourages :

1. Votre MasterMind - composé d'autres entrepreneurs Numéros 1 dans leurs secteurs respectifs, qui ont su atteindre le sommet dans leur activité et qui ont l'état d'esprit pour devenir le meilleur et le rester.
2. Votre équipe - qui vous entoure pour exécuter vos idées innovantes et libérer votre temps.

Comme je vous le disais, cela aura l'avantage de vous apporter les conseils dont vous avez besoin, mais cela va également avoir l'avantage de vous permettre d'obtenir une critique constructive. Cette critique est utile à mesure que vous développez vos projets marketing, commerciaux, d'embauche ou autres pour votre activité.

3 réactions qui ne mènent pas bien loin

Je suis sûr que quand vous parlez de vos projets autour de vous, à vos proches, les réactions sont parfois décevantes. En effet, dans bien des cas, vous avez l'un de ces trois types de retours.

Première hypothèse: personne ne vous soutient

Vous parlez de votre projet et vous rencontrez en face que des regards désintéressés, des bâillements, ou pire, des critiques qui s'attaquent à votre idée, votre projet, ou sa viabilité. On entend des remarques de ce type "*tu penses vraiment que c'est un vrai métier ?*", "*tu ne voudrais pas faire plutôt quelque chose de plus sérieux ?*", "*est-ce que tu es sûr que ce projet a des chances de décoller ?*", "*non, je ne vois pas vraiment où tu veux en venir avec cette idée*", "*c'est encore une de tes idées farfelues*" ou encore "*tu n'es qu'un rêveur*" et autres expressions de dénigrement visant à vous décourager, avec bien entendu, les meilleures intentions du monde.

Seconde hypothèse: l'ébahissement

Quand vous parlez de votre projet, vous n'avez que des retours admiratifs. Là encore, les intentions sont les meilleures du monde mais les effets peuvent être dévastateurs. On se contente de vous dire "*Wow, c'est super, ça me plaît beaucoup, c'est vraiment génial, tu es vraiment brillant*", "*comment fais-tu pour avoir toutes ces belles idées*".

Et sur le coup, cela vous plaît sans doute d'avoir ces retours souriants et enthousiastes ainsi que le fait de recevoir cette bonne tape amicale dans le dos. Cependant, si votre projet comporte un énorme trou qui risque de le faire couler, personne ne vous le fait remarquer. Soit personne n'est en mesure de vous le faire remarquer (par manque de compétence ou de spécialisation), soit, tout simplement, personne n'ose vous le dire. Alors, vous vous retrouvez à inaugurer en grande pompe un bateau qui n'a aucune chance de flotter.

Troisième hypothèse: la critique qui "pinaille"

La troisième option est également problématique : Quand vous parlez de votre projet autour de vous, c'est la critique du détail qui prime plutôt qu'une analyse globale.

Il m'est arrivé de travailler avec des personnes en qui j'avais énormément confiance et avec qui la collaboration se passait très bien. Malheureusement, j'ai vite constaté, quand je leur demandais un avis sur mes grands projets, que les commentaires portaient davantage sur la forme que sur le fond. On me faisait remarquer que j'avais oublié de mettre une virgule quelque part ou que j'avais omis de mettre le titre en gras.

Et pendant ce temps, ce que je voulais vraiment savoir c'est : "Est-ce que ce projet est une bonne idée ?" On s'occupera des virgules plus tard, mais est-ce que je dois faire ce séminaire ou bien est-ce que cette grande idée risque de me ruiner ?

Il est possible de réussir dans le détail mais d'échouer sur le plan général. Vous pouvez gagner superbement une petite bataille mais perdre atrocement la guerre.

Tout sera différent avec le bon entourage

Voici à présent en quoi s'entourer d'un groupe de Numéros 1 vous permet d'éviter ces trois écueils. Premièrement, pour que quelqu'un arrive au stade de Numéro 1, il doit être positif et enthousiaste.

Si vous vous entourez d'un groupe constitué de telles personnes, ce que j'appelle un MasterMind, vous serez entouré de personnes qui ont à cœur votre succès. Ces personnes ne sont jamais dans une attitude de dénigrement, mais sont toujours dans une position de soutien de vos projets.

Ce groupe sera donc ravi d'encourager vos grandes idées, ravi de vous aider à porter vos plus grands projets. Ce n'est pas tout! Un MasterMind a aussi à cœur de vous aider à améliorer vos plans et de vous éviter les failles que vous pourriez ne pas avoir vues.

Un groupe MasterMind vous dira donc "*c'est vraiment une superbe idée que celle que tu as eue, mais ne penses-tu pas que…*".

Et cette suggestion ou cette question: "*est-ce que tu ne devrais pas plutôt tester ceci ou cela*", peut faire la différence entre un flop phénoménal et une réussite extraordinaire. Au lieu de pinailler sur le détail, le regard extérieur d'un groupe peut vous aider à voir les endroits où votre grand plan pêche - et vous donner des conseils de qualité pour mener votre plan à bien.

Par exemple, j'ai récemment proposé dans ma newsletter une offre de consulting, à l'issue de laquelle j'ai eu 9 candidatures. L'offre de consulting était étalée sur un an et fixée au tarif de 250 000 euros hors taxes. Mais juste avant que j'accepte une des candidatures, un des membres de mon MasterMind m'a donné un conseil franc et pertinent.

Il m'a fait la remarque suivante: "*Sébastien, attention! Quel que soit le tarif auquel tu vends ton temps, ce que tu fais là c'est vendre ton temps. Ne préférerais-tu pas plutôt continuer de structurer ton activité pour ne pas te recréer un job?*". Ce simple commentaire m'a permis, juste à temps, de me sauver de centaines d'heures de frustration et d'énervement, mais aussi de lancer de nouveaux projets.

C'est grâce à ce temps libre préservé que j'ai lancé les Editions ToutChange. Ce lancement a démarré une nouvelle activité - un nouveau secteur d'activité, dans un Océan Bleu - et a généré davantage de chiffre d'affaires que ne l'aurait fait ce consulting chronophage.

Et j'ai même eu le temps pendant le lancement d'écrire un livre ! Ces exploits, je n'aurais pas pu les réaliser si j'avais validé et accepté la candidature déposée en réponse à cette offre de consulting. Ce coaching privé m'aurait sans doute pris des centaines et des centaines d'heures de travail.

Pourquoi personne ne peut parcourir le Chemin vers le Sommet à votre place

Attention! J'ai certes parlé de l'équipe et de l'entourage du Numéro 1, mais un point extrêmement important reste à souligner: Personne ne peut vous hisser au sommet à part vous-même.

Il y a des choses qu'on ne délègue pas:
Un Sherpa peut vous mener au sommet de la montagne mais il ne peut pas grimper à votre place.
Si vous pensez que pour devenir le Numéro 1, il vous suffit d'embaucher une personne ayant la mentalité de Numéro 1 alors que vous, vous ne l'avez pas, alors vous vous trompez lourdement.
Le succès de votre entreprise est de votre responsabilité.

Compter sur quelqu'un d'autre pour porter sur ses épaules tout le fardeau du projet, c'est commettre une grosse erreur. C'est chercher inconsciemment l'échec en essayant d'avoir quelqu'un sous la main qu'on pourra blâmer. Votre responsabilité en tant que Numéro 1 est de veiller à ce que votre entreprise apporte plus de valeur à vos clients que ne le fait personne d'autre. Vous ne pouvez pas abdiquer cette responsabilité.

Vous pouvez certes réaliser l'exercice du Client Unique lors d'un brainstorming, entouré de votre équipe ou de votre groupe MasterMind, mais vous devez en prendre la responsabilité et assumer le résultat de vos efforts. C'est le seul moyen d'être le Numéro 1. Si vous ne vous en sentez pas capable, il vaut peut-être mieux faire partie de l'équipe d'un Numéro 1, en tant que consultant ou en tant que salarié.

CHAPITRE 7.
Trois façons d'atteindre le sommet

Appreneurs, Connecteurs, Agisseurs

Cela fait maintenant près de 10 ans que j'organise des sessions de coaching. J'ai accompagné des milliers de personnes, individuellement via des programmes de coaching en face-à-face, mais aussi par téléphone ou via mes formations en ligne, mes programmes de coaching en ligne, et mes vidéoconférences sur Internet.

Quelque chose m'a toujours fasciné dans le fonctionnement de l'être humain. Il y a trois catégories de personnes différentes, avec trois façons complètement différentes d'atteindre ce qu'elles pensent être le sommet.

La soif d'apprendre

Pour certains, arriver au sommet, c'est en savoir davantage que les autres.

Ils veulent acquérir davantage de diplômes, recueillir davantage d'informations, être mieux renseigné, être plus compétent, être plus pointu dans leur secteur que personne d'autre.

Andreï Parabellum, entrepreneur russe et membre d'un MasterMind dont je fais partie, les appelle des "**Appreneurs**".

Pour les Appreneurs, toute situation personnelle ou professionnelle nécessite de la préparation. Ils veulent toujours en savoir plus, ils veulent toujours se renseigner davantage. Ils donnent en effet énormément de valeur à l'information.

Andrei a d'ailleurs dédié toute une branche de son entreprise, à la création de contenus pour les Appreneurs. Pour une somme annuelle imposante, ces clients peuvent s'abonner à un programme de "contenu illimité" leur donnant accès à des vidéoconférences presque tous les jours de l'année sur tous les sujets imaginables.

Le plaisir des rencontres

La deuxième catégorie de personnes est celle constituée des **Connecteurs**. Ces derniers cherchent toujours à connaître les meilleurs et à être en relation avec eux. Ils aiment à fréquenter des personnes qui sont connues et reconnues dans leur secteur. Certains Connecteurs ont le numéro de téléphone portable d'un joueur de l'équipe de France, d'autres ont parmi leurs amis Facebook un grand chanteur qui a vendu des millions de disques. D'ailleurs, tout Connecteur qui se respecte a plusieurs centaines, voire milliers, d'amis sur chacun de ses profils sur les réseaux sociaux.

Pour d'autres Connecteurs encore, c'est l'honneur suprême que de participer au vernissage de tel ou tel artiste extrêmement en vogue, ou à l'avant-première d'un grand film, en présence des acteurs.
Pour eux, le statut social est un élément de grande importance. Si vous participez à un séminaire, ce sont eux que vous verrez, avec des centaines de cartes de visites en poche, en train de les distribuer à tout venant.

Le désir de réussir

Le troisième groupe de personnes s'intéresse uniquement à leur résultat.
Les personnes qui constituent ce troisième groupe sont parfois incomprises parce que ce qui les intéresse vraiment, c'est l'atteinte du résultat : compter leur score, cocher la case "Fait !", rayer un élément de plus sur leur liste.
Et, dans bien des cas, ils atteignent leurs objectifs, même si pour cela, ils doivent admettre avoir eu tort, repenser leur plan ou changer radicalement de stratégie en cours de route. Et cela est parfois déroutant pour leur entourage.

Les personnes de cette troisième catégorie apprennent vite, mettent en pratique vite, se trompent très souvent ; et ont parfois raison. Quand ils ont raison, tout le monde se demande d'où vient ce soudain

succès phénoménal qu'ils ont obtenu *du jour au lendemain.*
Quand ils ont tort, ils ne se trompent pas à moitié ! D'autres y verraient un échec retentissant, un flop monumental. Eux voient cela plutôt comme un simple ralentissement, un contretemps mineur dans leur succès.
Dès qu'ils terminent un projet, ils entament le suivant. Ces personnes sont toujours dans l'action, en train de passer d'un projet à un autre. Cette troisième catégorie de personnes, je les appelle donc des **Agisseurs**.

Une seule des 3 voies mène réellement au succès

Si on reprend la définition du livre, il est assez évident que le Numéro 1, c'est à dire celui qui apporte le plus de valeur sur son marché, est un Agisseur.

Pour être le Numéro 1 vous ne pouvez pas vous permettre d'avoir peur de l'échec. Vous devez certes être capable de discerner une information de qualité tout comme les Appreneurs savent le faire. Vous devez aussi chercher à trouver ces informations auprès des meilleurs comme le font les Connecteurs.
Mais vous devez vous démarquer en mettant en application cette information, sinon elle n'a réellement aucune valeur.

Personnellement, ce que j'appelle de la sagesse, c'est l'information utilisée intelligemment, et à laquelle on ajoute de la valeur en la transformant en action.
Un Agisseur, c'est celui qui vise la réussite lors de la version 1.0 de son projet, et qui compte réellement faire un carton lors de la version 2.0 de son projet.
L'Agisseur prend donc des risques, mais pas au hasard.

Quelle attitude adopter face au risque ?

Première possibilité : éviter le risque à tout prix

Ce n'est pas une attitude de gagnant que de se dire "*je vais attendre de tout savoir, et je vais attendre qu'il n'y ait aucun risque, pour me lancer*". Quand une nouvelle opportunité se présente, l'Appreneur a tendance à chercher toujours plus d'informations, car il attend d'être prêt pour démarrer. C'est un énorme défaut parce que cette attitude lui fait toujours perdre l'opportunité de saisir les premières places. Il n'est jamais en *pole position* parce que d'autres ont commencé à obtenir le premier résultat, alors que lui obtient simplement les premières informations.

Deuxième attitude : déléguer le risque à d'autres

Une autre attitude qui serait tout aussi pernicieuse serait de dire "*je vais attendre que d'autres réussissent. Et une fois que les autres auront réussi, je vais réussir par procuration en me contentant de copier ce qui est fait*". Si vous procédez ainsi, vous pouvez avoir un certain succès en étant ainsi un Connecteur, et en vous contentant de tirer profit des succès des autres.

Vous ne pourrez cependant jamais être le Numéro 1 si vous ne faites pas partie de ceux qui sont prêts à prendre des risques, à se lancer au risque d'échouer. Attention, je ne dis pas de prendre des risques inconsidérés, et sans vous assurer au préalable que le résultat espéré est à la hauteur du risque.

Troisième attitude : celles des têtes brûlées

Voici selon moi l'attitude de perdant numéro 3 : c'est celle qui consiste à risquer le tout pour le tout et de se dire "*je vais tout parier*".

C'est une expression que j'ai déjà entendue de certains entrepreneurs, qui disent de vive voix, quand ils se lancent dans de nouveaux médias publicitaires "*je vais tout miser dessus et cramer 10 000 euros de budget dans ce test*".

C'est un piège dans lequel tombent de nombreux Agisseurs, et qui leur cause bien des problèmes.

Si vous prévoyez de "cramer" 10 000 euros de budget dans un test publicitaire pour tester un nouveau support de publicité, alors je peux vous garantir une chose: les 10 000 euros en question seront bel et bien "cramés". Ils n'apporteront aucun résultat.

Quatrième attitude face au risque : celle du Numéro 1

Le Numéro 1 a l'attitude gagnante suivante: il se dit " Je vais investir raisonnablement dans ce test, et y mettre davantage de ressources une fois que j'aurai vu les résultats."

Notez bien les deux mots clés:

- **"test" :** je vais faire un premier essai à petite échelle qui m'engage de façon peu risquée.
- **"investir"** : je vais attendre un retour et je vais observer de façon très attentive le retour que j'aurai pour mon investissement de temps, d'argent ou d'énergie. Je vais ensuite augmenter mon investissement si jamais il a produit.

Voilà une façon bien plus fiable d'atteindre le sommet. C'est cette méthodologie qui a fonctionné pour moi. Et elle fonctionnera certainement pour vous, pour peu que vous vous décidiez à être le Numéro 1.

CHAPITRE 8.
Créez le contact humain

Je vous disais tout à l'heure que pour devenir le Numéro 1 vous devez bien vous entourer.
Votre "Top 6" est composé de votre équipe ainsi que d'entrepreneurs qui sont eux aussi dans cette démarche d'accéder au statut de Numéro 1 sur leur marché.
Vous devez vous entourer d'entrepreneurs capables de vous faire bénéficier de leur expérience, de leurs contacts, de leur influence, pour vous faire gagner énormément de temps dans la réalisation de vos objectifs.

Les dangers d'une entreprise basée sur le "tout numérique"

A l'ère du tout numérique et des assistants virtuels, on a déshumanisé la notion de réussite.
Aujourd'hui, pour beaucoup de gens, la réussite c'est un peu ce monde féérique décrit par Tim Ferriss dans son livre *La semaine de quatre heures* : Un monde dans lequel votre réussite consiste à être tout seul sur une plage, avec votre ordinateur portable ou votre tablette sur les genoux. Vous disposez d'assistants virtuels à qui vous vous contentez d'envoyer des e-mails pour

déléguer vos tâches, et tout contact avec la clientèle se fait via la protection rassurante de votre écran d'ordinateur.

Je ne dis pas qu'il n'y a pas du bon dans la notion de travail à distance. A l'heure où j'écris ce livre, ma propre équipe est entièrement basée à distance et tous les membres de cette équipe sont en contact via des outils de gestion de travail en ligne.
La plupart de mon marketing se fait via Internet. Même si mon entreprise apparaît régulièrement dans des émissions télévisées ou radiodiffusées, ou en pleine page de journaux et magazines, ma principale source de clients reste la diffusion de vidéos sur mon site Internet.

Cependant, je reste convaincu que le Numéro 1 se doit d'avoir un contact humain avec ses clients, avec son équipe et avec les autres membres de son réseau sur lequel il compte pour le soutenir dans ses efforts.

Si vous ne le faites pas, votre relation avec ce réseau sera déshumanisée et fragile.
Vos collaborateurs seront toujours à un clic de s'en aller (et, puisqu'ils travaillent à distance, rien ne vous dit qu'ils ne sont pas déjà en train de surfer sur des sites de recherche d'emploi sur leur temps de travail.)

Vos clients seront toujours à un clic de se rendre chez la concurrence. Et vos partenaires seront toujours à un clic de vous laisser en plan.

L'effet "MasterMind"

C'est la raison pour laquelle je vous encourage à créer du contact humain. Un groupe, dont les membres échangent de vive voix et se réunissent en chair et en os, est un groupe soudé et fidèle.

Cette équipe sera à même de créer des liens d'amitié, une vraie relation où chacun pense à la réussite de tous les autres membres. C'est de cette manière que vous allez créer l'effet **MasterMind**, dans votre équipe, mais aussi avec vos clients, et avec vos partenaires.
Le MasterMind est un principe décrit par l'auteur Napoléon Hill, auteur du livre *Réfléchissez et devenez riche.* Cet ouvrage est l'un de ceux qui ont eu le plus d'influence sur le domaine du développement personnel au cours du XXe siècle.

Le principe du MasterMind est le suivant. Quand 2 personnes ou plus se réunissent, et qu'elles ont un but commun, un état d'esprit commun, alors il va se créer un nouvel esprit de groupe qui est plus puissant que la somme des parties. Cet esprit c'est ce que Napoléon Hill appelle le MasterMind.

Pourquoi rejoindre ou former un MasterMind

Pour ma part, je pense qu'il est impossible, ou alors extrêmement difficile d'atteindre le poste de Numéro 1 et d'y rester en étant seul.

En étant seul, vous n'avez personne pour vous encourager quand votre idée novatrice est excellente, ou vous prévenir quand cette idée met votre entreprise en péril.

En étant seul, vous n'avez personne pour vous soutenir dans les moments difficiles, vous n'avez personne qui vous encourage dans vos moments de réussite, et vous pousse à viser encore plus haut.

En étant seul, vous êtes vulnérable face à des concurrents qui se seraient regroupés et qui auraient un intérêt commun à bouleverser un peu la donne et à prendre votre place de Numéro 1.

C'est pourquoi je pense que tout entrepreneur devrait faire partie d'un groupe MasterMind.

Comment j'ai découvert la puissance des MasterMinds

Une réussite sans plaisir

2010 aurait dû être pour moi une année fantastique de bout en bout.

Mon livre de conseils amoureux pour les hommes célibataires, *Séduire en 5 Secondes,* venait d'être publié. Selon le classement publié par Amazon, ce livre s'est classé numéro 2 de toutes les ventes de livres en France, toutes catégories confondues, lors de sa sortie. Je passais à la télévision plus d'une fois par mois sur une grande chaîne, et à des heures de grande écoute, devant des millions de prospects potentiels pour mon activité.
J'avais fait un chiffre d'affaires qui était quasiment le double de celui de l'année précédente.

Malgré tout cela, je ne me sentais pas heureux. Je sentais qu'il me manquait quelque chose, et j'avais bien du mal à mettre le doigt sur ce que c'était. Et un jour ma compagne m'a dit : "*ton problème c'est tout simplement que tu es seul*".

Elle m'a aidé à réaliser que j'avais réussi à m'imposer sur mon secteur en devenant le Numéro 1 dans mon activité. J'avais visé la perfection et j'étais certes au sommet de ma montagne, mais je me sentais seul parce que n'ayant personne avec qui échanger.

Mes contacts et mes proches n'avaient pas la même expérience, n'avaient pas vécu les mêmes expériences que moi. Ils n'étaient donc pas capables de m'apporter les retours constructifs que je recherchais. Ils n'étaient pas à même de me pousser à voir plus grand et ne pouvaient pas m'aider à voir les obstacles sur mon chemin.

Le grand saut

C'est durant cette période que j'ai eu la chance de rejoindre un groupe MasterMind. Ce groupe venait d'être lancé par un des leaders du marketing international, Jeff Walker.
J'ai donc rejoint ce groupe avec quelques dizaines d'entrepreneurs tous anglo-saxons, venant du Canada, d'Angleterre ou d'Australie. J'étais le seul Français au démarrage de ce groupe, dont les inscriptions sont aujourd'hui fermées. C'est au sein de ce groupe que j'ai découvert une véritable fraternité entre Numéros 1.

C'est là que j'ai vraiment compris l'importance d'être accompagné d'entrepreneurs qui s'entraident, qui visent chacun le succès de l'ensemble du groupe, qui créent de vrais liens d'amitié et qui sont prêts à se serrer les coudes quand l'un d'entre eux vit un moment difficile. Et ils sont également prêts à vous donner un petit coup de coude dans les côtes quand vous êtes en train de vous reposer sur vos lauriers !

Des résultats immédiats

Ce fut grâce à ce groupe que j'ai généré pour la première fois plus de 100 000 euros de ventes en un mois. J'ai vite doublé le volume de chiffre d'affaires de mon activité. J'ai pu considérablement redresser la barre de mes finances et être plus rentable que jamais.

C'est aussi grâce aux retours de ce groupe que j'ai pu organiser le voyage autour du monde pendant six mois que j'ai partagé avec ma compagne en 2013. Ce voyage a donné lieu à la vidéo virale *Les amoureux du bout du monde*, et c'est durant ce périple que j'ai demandé Cécile en mariage, dans un palais de Maharajah sur un des lacs d'Udaipur en Inde.
Cependant, ce n'est pas la liste des destinations de ce voyage qui me rend fier. La source de ma fierté est la suivante : durant les six mois qu'a duré ce voyage, je n'ai travaillé qu'un jour par semaine tout en conservant une activité rentable, plus rentable qu'avant mon départ.

J'ai énormément appris au sein de ce groupe, que je rencontre trois fois par an aux États-Unis. Le seul handicap était la langue. Même si je comprends parfaitement l'Anglais, je ne pouvais pas réellement obtenir de retours et de conseils détaillés sur les vidéos

de mes Lancements Orchestrés de produits ou services, ou sur les pages de mon site Web.
La suite logique était donc de fonder un groupe MasterMind francophone constitué de personnes qui pourraient échanger en langue française. J'ai créé ce groupe MasterMind et je l'ai appelé "*les Agisseurs*".

Si comme moi vous souhaitez rejoindre, ou créer, votre propre groupe MasterMind, le prochain chapitre va vous éclairer sur toutes les étapes importantes.

CHAPITRE 9.
Créer et entretenir l'effet "MasterMind"

Qu'est-ce qu'un bon MasterMind?

Deux ingrédients font un MasterMind de qualité :

- regrouper des personnes brillantes, enthousiastes et motivées,
- et les réunir dans des conditions optimales.

Combien doit coûter la participation à un MasterMind

La plupart des meilleurs MasterMinds sont des groupes dont l'inscription est payante.

La raison en est toute simple. Si vous créez ou rejoignez un groupe MasterMind, vous voulez être entouré de personnes impliquées, motivées et dynamiques qui vont vous prendre au sérieux. Ces personnes doivent également prendre très au sérieux les échanges au sein du groupe et les conseils qui y seront donnés.

"Ce qui est bon marché coûte cher"

Malheureusement, un conseil gratuit a peu de valeur. On pourrait vous donner le meilleur conseil du monde sans que vous ne l'exploitiez. Si vous n'avez fait aucun effort pour l'obtenir, et si ce conseil vous a été offert sans que vous n'ayez fait le moindre effort financier, ni investi du temps ou de l'énergie pour l'obtenir, il y a de fortes chances que ce conseil reste posé sur une étagère à prendre la poussière.

C'est pourquoi les meilleurs groupes MasterMind sont souvent des groupes où les participants ont réalisé un investissement financier pour participer.
Certains modérateurs ou animateurs construisent leur modèle d'affaires presque exclusivement sur la création et l'animation de groupes de ce type.

Je suis originaire de la Guadeloupe, et mon père m'a un jour appris ce proverbe créole : "Tout ce qui est bon marché coûte cher."
Si vous fondez votre propre groupe, gardez ce proverbe à l'esprit. Vous devriez au minimum, facturer une participation aux frais. Premièrement, pour financer les rencontres du groupe ; et deuxièmement, pour que chacun des membres se sente impliqué.

Une fois que le groupe a du succès, augmentez progressivement les frais d'inscription. L'inscription à votre groupe doit être un choix réfléchi, et non un "achat impulsif". Le tarif doit donc refléter cette distinction.

Comment définir le coût d'inscription

Si vous hésitez entre créer un groupe qui soit à but lucratif ou un groupe amical, je vous recommande de facturer une cotisation qui soit à la hauteur de la valeur ajoutée que ce groupe va apporter.

Au sein de mon groupe MasterMind, les Agisseurs, la cotisation annuelle est très élevée, de l'ordre de plusieurs dizaines de milliers d'euros. Cependant cela est en rapport avec la valeur ajoutée de ce groupe. En effet, la plupart des membres ont très rapidement doublé leur chiffre d'affaires ou parfois réalisé en l'espace d'un mois autant de chiffre d'affaires qu'ils n'avaient fait en un semestre entier de l'année précédente. Ceci, grâce aux excellents retours qu'ils ont obtenus sur leurs projets ou aux très bonnes suggestions qu'ont pu leur faire d'autres membres du groupe.

Aux yeux des membres, il s'agit donc d'un retour sur investissement qui en vaut la chandelle.

Comment s'entourer de personnes exceptionnelles

Pourquoi filtrer les nouvelles recrues

Le deuxième point extrêmement important lors de la création d'un tel groupe, c'est de définir dès le départ les conditions d'adhésion.
Si vous créez votre propre groupe MasterMind, vous devez définir, avant de commencer à inviter des personnes, quels seront les critères de participation; et être extrêmement ferme là-dessus.

Ne baissez jamais la barre d'entrée. Si vous avez déjà lancé un groupe MasterMind à l'heure où vous lisez ceci, alors j'ai un conseil à vous donner. Basculez très vite sur un système de candidature. Par exemple, le formulaire de candidature pour le MasterMind des Agisseurs compte douze pages, ce qui nous permet d'avoir suffisamment d'informations sur le candidat pour savoir s'il correspond au profil du groupe.

Il est important de comprendre que même si l'inscription à un groupe MasterMind est payante, il ne faut jamais sacrifier l'intégrité du groupe en acceptant des personnes qui ne correspondent pas aux profils et aux critères que vous avez fixés pour les nouveaux participants.

En effet, il serait bien plus coûteux de perdre la qualité d'échange et de dynamisme de votre groupe et de perdre la confiance des membres du groupe, que de perdre l'inscription potentielle de quelqu'un qui ne correspond pas à vos critères.

Il faut parfois prendre des décisions difficiles

Il ne faut pas hésiter également, si le cas se présente, à désinscrire des personnes qui ne correspondent pas au profil qu'elles prétendaient avoir.

Par exemple, dans le groupe des Agisseurs, nous avons une contrainte, un critère qui est essentiel et indispensable pour la participation de nouveaux membres. Ce critère est que ce nouveau membre doit correspondre au profil mental d'un Agisseur.

Il doit s'agir de quelqu'un qui peut prendre un conseil et le mettre en application dans son activité, pour obtenir rapidement des retours et des résultats. Et dans la première année où j'ai créé ce groupe MasterMind des Agisseurs, j'ai eu à désinscrire une personne qui ne correspondait pas à ce profil, et ce même si cette personne était sympathique et représentait, sur le papier, un bon candidat au départ.

Sur le moment, la décision n'a pas été facile ; mais sur le long terme, le groupe est plus solide et plus cohérent ainsi, et c'est ce qui compte.

En tant que fondateur ou modérateur d'un MasterMind, vous avez donc une grande responsabilité envers chacun des membres : celle de préserver la qualité du groupe et de ses échanges.

Comment organiser rencontres et échanges

Jusqu'ici, j'ai surtout parlé du *fond*, c'est à dire des personnes qui participent, mais il vous faut aussi décider de la *forme* que vous allez donner à votre groupe.

Le format : virtuel, présentiel, hybride

Quand vous créez un MasterMind, vous devez vous poser la question de son format. Certains **groupes virtuels** se réunissent uniquement via Internet.
Pour un tel groupe, les outils de prédilection seront des systèmes d'échanges en vidéoconférence tels que ceux proposés par Microsoft/Skype, ou Google Hangouts.

Se rencontrer en ligne est une possibilité, mais comme je le disais précédemment, je pense qu'on ne crée une vraie amitié dans un groupe de Numéro 1 qu'en ayant un contact humain, et en organisant régulièrement des rencontres.

Votre groupe est alors un **groupe présentiel**. Pour la réussite d'un tel groupe, il est important de préparer l'agenda des rencontres à l'avance. Je prévois au dernier trimestre de chaque année, l'agenda de l'année suivante. Pour permettre une certaine flexibilité, vous pouvez indiquer que les dates sont sujettes à modification, et figer définitivement chaque date avec un trimestre d'avance, par exemple.
Le groupe présentiel a ses avantages ; le principal inconvénient est la tâche supplémentaire d'organisation, qui repose sur les épaules du modérateur.

Dans un **groupe hybride**, comme les Agisseurs, on combine des rencontres présentielles (sur deux jours auxquels s'ajoutent une ou plusieurs activités de groupe) avec des séances de webconférences plus fréquentes.

Fréquence des rencontres

Le groupe MasterMind les Agisseurs se réunit trois fois dans l'année. D'autres groupes se réunissent plus souvent selon la proximité géographique des participants.
Et, enfin, certains groupes MasterMind illustres comme "Les Vagabonds" - groupe formé de Henry Ford, Thomas Edison et quelques autres célébrités du début du 20ème siècle - ne se réunissaient qu'une fois par an.

Comme vous pouvez l'imaginer, les discussions au sein de ce groupe devaient être particulièrement passionnantes, mais les contraintes d'emploi du temps de ces magnats de l'industrie et anciens présidents des Etats-Unis ne leur permettaient pas des rencontres plus fréquentes.

Le nombre idéal de personnes au sein d'un groupe MasterMind

La taille maximale

Ce nombre va dépendre à nouveau du format que vous avez décidé pour votre groupe. Si vous avez un groupe présentiel, alors vous avez automatiquement à mon avis une limite sur le nombre optimal de personnes qui peuvent faire partie de ce groupe.
En effet, pour que les échanges soient fructueux au sein du groupe - bien qu'il existe des MasterMinds comptant plus de 100 personnes - je pense que le nombre idéal est de quelques dizaines - entre 30 et 50 personnes. Cela permet une grande interactivité dans le groupe, tout en conservant une dimension humaine, où tout le monde peut connaître tout le monde.

La taille minimale

Il est tout à fait possible, si vous avez un lien intime avec les premiers participants de votre groupe, de démarrer avec un groupe plus petit (une demi-douzaine ou une douzaine de membres) et d'avoir un lien fort avec eux. Cependant si vous avez vraiment trop peu d'inscrits dans votre groupe (moins de 6), alors vous courez le risque qu'il n'y ait personne lors des rencontres que vous organisez. Ou d'avoir tout au plus deux personnes à certaines de vos rencontres, et cela peut poser problème.

Comment encourager les échanges

Je l'ai expliqué plus tôt, les quatre avantages du MasterMind sont de pouvoir profiter:

- du savoir et des compétences des membres du groupe
- de l'enthousiasme des membres du groupe
- des retours constructifs des membres du groupe
- et du réseau, des contacts et connaissances des membres du groupe.

Pour tout cela, il vous faut un moyen de pouvoir contacter les membres de votre MasterMind, au fil du temps.

Je recommande, pour faciliter les échanges entre deux rencontres ponctuelles, de maintenir le contact entre les membres par email ou via un réseau social.

L'email (et les "groupes email")

Dans certains groupes, les contacts se font de façon très informelle, simplement par un échange d'e-mails entre tous les membres du groupe.

Au sein des Agisseurs nous avons choisi de simplifier et de structurer ces contacts en permettant aux membres d'échanger via un **groupe e-mail** : une adresse e-mail unique qui transfère le mail à l'ensemble des membres du groupe.

Les gros fournisseurs d'email du Web (Google, Yahoo et bien d'autres) permettent aisément, et gratuitement, de créer ce type d'adresse groupée.
Autre avantage : les échanges sont également consultables sur un site web privé, archivés par fil de conversation, comme sur un forum de discussion.

Les avantages du groupe email

Ce type d'outil vous permet ainsi de poser une question sur votre prochain Lancement Orchestré en envoyant le lien et en demandant le retour du groupe.
Vous aurez des réponses quasi-instantanées de l'ensemble des membres qui peuvent aller voir vos vidéos, regarder vos scripts, et vous donner un avis d'expert.

Quand vous recevez un commentaire, vous savez qu'il vient d'un entrepreneur aguerri qui sait de quoi il parle parce qu'ayant lui-même effectué une campagne similaire. Et, contrairement à vous et à votre équipe, ce membre qui vous a fait ce retour positif n'a pas le nez dans le guidon, car il n'a pas lui-même écrit le script. Il est donc à même de voir des oublis ou des erreurs que vous auriez complètement manqué de remarquer lors de la préparation de votre projet ou de votre campagne.

Le "groupe Facebook"

Certains MasterMind préfèrent utiliser un groupe sur les réseaux sociaux.
Cela permet souvent de s'insérer dans une plate-forme que vos membres utilisent déjà dans leur vie de tous les jours (surtout si le groupe est relativement jeune.)

Ce type de groupe a cependant deux défauts :

- Premièrement, vous ne "possédez" pas le contenu des échanges. Si les règles changent, et que le réseau social ferme votre groupe (ou carrément son service de groupes) alors vous n'avez pas voix au chapitre, et tous les échanges passés sont perdus.
- Deuxièmement, les échanges risquent d'être noyés au milieu de foule de gadgets et d'alertes sur le site du réseau social.

Prenez en compte ces éléments avant de choisir entre ces deux solutions d'échange en continu.

Comment profiter un maximum des rencontres

Le choix des sujets

Comment allez-vous choisir les sujets qui sont abordés ? C'est là qu'apparaît toute l'importance d'un modérateur. Un modérateur va sonder le groupe pour connaître les sujets chauds du moment, les questions sur lesquelles certains membres ont besoin d'aide, les sujets sur lesquels certains membres du groupe ont besoin de partager leur réussite. Le modérateur va aussi tenir à jour un calendrier. C'est là également une de ses fonctions.

Les séances de commentaires et coaching

Le modérateur est également mis à contribution lorsque le groupe MasterMind choisit d'organiser des sessions de commentaires sur les projets de chacun.

J'appelle cela “passer sur *La Sellette*®”. Ce sont des sessions où chaque membre du groupe peut présenter un de ses projets ou les défis du moment qu'il doit relever dans son activité. Toute l'attention du groupe est alors focalisée sur le projet d'un seul. Vous avez donc toute l'attention d'entrepreneurs extrêmement intelligents et Numéros 1 dans leur domaine et concentré sur votre cas.

J'ai vite découvert quelque chose de fascinant lors de ces sessions : le cerveau d'un entrepreneur adore qu'on lui donne un problème à résoudre, et c'est d'autant plus facile quand il s'agit du problème de quelqu'un d'autre !

Archiver les meilleurs moments

Les Sellettes® sont donc des échanges extrêmement dynamiques et extrêmement vifs. Nous gardons souvent des enregistrements pour que la personne concernée puisse avoir accès à tous les conseils qui lui ont été donnés.
Quand un partage particulièrement important est fait par un des membres du groupe et qu'il peut être utilisé à nouveau pour d'autres cas, nous le conservons sur notre site. Ce site privé de notre MasterMind est hébergé par PrestoMarket, avec un accès sécurisé uniquement réservé aux Agisseurs.

Nous stockons également sur ce site privé les enregistrements des sessions de partage (quand l'un des membres explique au groupe une stratégie qui a été particulièrement rentable pour lui), ainsi que les vidéos des présentations faites par les invités qui interviennent lors des rencontres.

En procédant de même pour votre MasterMind, vous créez ainsi une bibliothèque de ressources et de conseils de grande valeur qui permettra aux membres de retrouver une trace de ces échanges. Cela augmente également la valeur du groupe aux yeux d'un nouveau venu, car il pourra instantanément apprendre des partages et échanges passés.

CHAPITRE 10.
Être le Numéro 1 et le faire savoir
Être ou paraître, telle est la question

Tout au long de cet ouvrage, je vous ai parlé de *devenir* le Numéro 1, mais vous avez peut-être constaté que sur votre secteur, certains tentent déjà de *paraître* le Numéro 1.
Cela peut être agaçant quand vous savez que c'est vous qui apportez plus de valeur que la concurrence, surtout si elle prend un malin plaisir à revendiquer, de façon trompeuse, la place de Numéro 1.

Cela m'est arrivé pendant de nombreuses années. En effet, je me suis aperçu, lorsque j'exerçais mon activité de coach en séduction, que tout nouveau site proposant des conseils amoureux aux hommes célibataires prétendait déjà être le Numéro 1 dans le domaine.

Quasiment tous les sites avaient comme titre de leur page web "Numéro 1 du conseil en séduction en France". Voilà bien une chose surprenante: la plupart de ces sites Internet existaient depuis moins de trois mois, et pratiquement tous ces sites ont fermé en moins d'un an. Ce qui est plus étonnant encore dans leur prétention à être le Numéro 1, c'était que mon chiffre d'affaires était le double de celui de mon concurrent le plus proche. Le nombre de personnes qui suivaient les vidéos de ma newsletter était très largement supérieur au leur. Il y avait à l'époque des millions de personnes qui ont regardé mes vidéos contre à peine quelques milliers chez le concurrent le plus proche. Les témoignages de succès que je recevais (plusieurs milliers) et mes passages dans les médias constituaient une preuve évidente que la position de Numéro 1 que mes concurrents prétendaient occuper était simplement du "bluff" !

L'attitude qui mène droit dans le mur

Lors d'une interview publiée en 2010, l'un de mes concurrents avait reconnu que ses affirmations étaient trompeuses. La personne qui l'interviewait lui avait demandé : "*Sur votre page, vous dites « N°1 sur la séduction » n'est-ce pas prétentieux?*"
A cette question, il répondit: "*Oui... On ne l'était pas du tout. Il s'agissait simplement d'une technique de programmation inspirée de mes lectures. Vous savez, à force de penser à quelque chose, vous finissez par le croire, et finalement vous le devenez en réalité... C'est la même chose... Même si au début, c'est faux, dites que vous êtes le numéro 1.*"

J'ai trouvé cela particulièrement intéressant puisque ce n'est pas ainsi que je vois les choses.

La promesse de ce livre n'est pas "comment faire semblant d'être le Numéro 1 et berner les clients pour

qu'ils le croient". Je vous ai, au contraire, promis d'expliquer "comment devenir le Numéro 1 et le rester".
Pour devenir le numéro 1, il faut apporter plus de valeur à vos clients, et vous le restez en continuant d'apporter plus de valeur pour les fidéliser.

On n'est donc pas dans le mensonge et le paraître, mais dans le contact humain, la sincérité et la transparence.

Selon moi, les deux meilleures façons de faire savoir que vous êtes le numéro 1 sont:

- de faire de votre client une star
- de faire connaître vos valeurs et petit à petit vous imposer sur votre marché.

Faites de votre client une star

Si vous êtes abonné à ma newsletter par e-mail, vous avez constaté que dans la quasi-totalité des newsletters que j'envoie, ma newsletter comporte un *post-scriptum.*
Ce "P.S." raconte l'histoire d'un client ou partage son témoignage ; ou alors j'y donne un lien vers une étude de cas d'un de mes clients qui a réussi. Ces témoignages et ces études de cas sont particulièrement importants pour plusieurs raisons.

La première raison est que le fait de donner le lien vers un témoignage et de permettre à mes clients d'avoir la parole dans un témoignage est une façon d'inspirer confiance au prospect. Le futur client qui n'a pas encore acheté, en voyant le témoignage d'un client satisfait, aura confiance en notre produit. En voyant le succès de quelqu'un d'autre, on peut se dire *"tiens, cette personne me ressemble et elle a réussi, donc cette solution peut marcher pour moi aussi."*

La deuxième raison est que la diffusion d'un témoignage, d'une étude de cas, incite les autres clients à redoubler d'efforts pour réussir également. C'est donc une inspiration positive pour ceux qui sont un peu plus novices dans le processus que celui qui témoigne. En voyant qu'il est possible de réussir, ils vont décider de s'inspirer des leçons partagées par celui qui a réussi auparavant.

Une autre raison est que vous n'êtes pas à l'abri des critiques de concurrents qui seraient jaloux de votre réussite, et ce quel que soit votre marché. Cette pratique de dénigrement est malheureusement trop présente dans la mentalité française - on veut jouer des coudes et se faire valoir, au détriment du concurrent.

Il n'y a pas de meilleure preuve de la qualité de vos produits et services que de pouvoir montrer des pages et des pages entières de témoignage de vos clients ravis.

Mon livre d'or de séminaire compte, pour chaque séminaire, plusieurs dizaines de pages de témoignages de clients ravis. Ces clients ont mis en place des stratégies la première nuit du séminaire, et ont obtenu des résultats dès les jours suivants.
Mon équipe reçoit et publie des dizaines de témoignages chaque jour par e-mail, en vidéo, dans mes livres, et sur les réseaux sociaux.

Vous avez sans doute remarqué que le livre que vous êtes en train de lire commence par une série de témoignages de personnes qui ont écouté et suivi mes conseils pour devenir le Numéro 1 et le rester. C'est un excellent moyen de répondre aux objections et aux doutes des personnes qui ne savent pas quoi penser et qui vous découvrent.

Entre deux produits similaires et face auxquels le client hésite, le témoignage d'un client satisfait est sans doute l'élément déterminant qui aura le plus d'influence pour faire basculer son choix.

Faites connaître vos valeurs et imposez-vous sur le marché

Le deuxième moyen de faire savoir que vous êtes le Numéro 1 est de choisir vos valeurs et de les afficher à vos clients.

Très peu d'entreprises dans votre secteur, - je peux vous le garantir -, ont un énoncé de mission. Pour ne rien gâcher, celles qui en ont un ne savent pas réellement à quoi c'est censé servir. De ce fait, ils l'utilisent comme un outil très "*corporate*" de communication que personne ne lit, et qui est très ennuyeux parce que bourré de mots creux tels que ceux-ci: "*Nous avons pour vocation d'accélérer l'intégration d'innovations et faciliter l'ajout de valeur intrinsèque à l'activité de notre clientèle*".
Ce document n'est lu par personne, et cela n'intéresse pas non plus les malheureux qui ont eu la malchance de cliquer sur ce lien par erreur - ils quittent cette page bien vite.

Cependant si vous construisez bien un document que Sam Carpenter, dans son livre *Work the system*, appelle l'Objectif Stratégique, vous pouvez dire à vos clients dans quels domaines vous êtes le meilleur et décider de la façon dont vous allez le prouver.

Un exemple d'Objectif Stratégique, et ce qu'il implique

Vous pouvez consulter l'Objectif Stratégique du Marketeur Français ainsi que nos Principes Opérationnels aux adresses suivantes:
http://lemarketeurfrancais.com/cgv-objectif
et
http://lemarketeurfrancais.com/cgv-principes

L'Objectif Stratégique de mon entreprise, "Le Marketeur Français", est d'être le leader de la formation marketing en ligne pour les dirigeants de petites et moyennes entreprises. En choisissant cet objectif stratégique, nous avons décidé de renoncer à certaines opportunités et de les abandonner à la concurrence.

Par exemple, nous ne réalisons pas de formation pour des particuliers en leur enseignant comment devenir millionnaire en 5 minutes sur Internet en revendant un livre électronique à 7 euros qui n'apporte aucune valeur. Nous n'utilisons pas ces moyens obsolètes, caducs et peu convaincants de réussir qu'on peut malheureusement trouver sur Internet si vous tapez "marketing web".

Nous avons aussi décidé de fermer la porte à de nombreuses opportunités et à d'autres types de formations telles que la formation à l'utilisation d'outils informatiques, la formation technique. Ce sont certes des formations qui sont demandées par certaines petites et moyennes entreprises mais elles ne correspondent pas au domaine dans lequel nous sommes Numéro 1.

Nous avons donc fait le choix de délimiter notre domaine de compétence. Et depuis le démarrage du Marketeur Français, notre activité a atteint avec brio cet objectif d'être le leader dans ce secteur.

Les Principes Opérationnels

Les Principes Opérationnels forment un second document crucial. Il vous permet de communiquer à vos clients, à votre équipe et à vos partenaires, les principes et les valeurs qui régissent votre activité. Nous avons également mis ce lien dans tous les pieds de pages de notre site Internet.

Il s'agit de l'équivalent d'une charte, d'un engagement que vous prenez envers votre clientèle mais aussi envers vous-même.

Par exemple, au sein de l'équipe du Marketeur Français, certains points de nos Principes Opérationnels pourront surprendre - comme le point Numéro 14:

> "*Notre tenue est le reflet de notre entreprise : professionnelle, sobre, avec une attention particulière au bon goût et à la qualité de notre image. Lors d'événements et de contacts avec le grand public, la presse, nos partenaires ou la clientèle, les couleurs de notre tenue reflètent la charte du Marketeur Français : Bleu foncé ou cobalt, blanc, gris clair.*"

Cela peut sembler relever du détail. Cependant, si vous allez à une conférence au sujet du marketing web, vous pourrez sans doute reconnaître facilement les membres de l'équipe du Marketeur Français par leur avis professionnel et leur tenue qui diffère des bermudas et autres t-shirts portés bien souvent dans ce secteur.

Ce n'est pas que je dénigre la tenue de ceux qui mettent des tenues estivales pour participer à des congrès professionnels sur le marketing sur Internet.

C'est seulement que la tenue que nous avons choisie est plus appropriée à nos yeux, pour parler à notre clientèle de chefs de petites et moyennes entreprises ambitieux de devenir le Numéro 1 dans leurs secteurs respectifs. La tenue estivale d'autres membres de la profession est probablement plus adaptée à s'adresser à leur public de particuliers souhaitant aller en bermuda s'installer sur la plage.

Un autre point qui attirera peut-être votre attention dans notre liste de Principes Opérationnels est le point Numéro 15 :

> "*Nous prêtons une attention toute particulière à la langue française. Nous évitons l'emploi d'un anglicisme quand un mot français serait aussi efficace. Nous sommes conscients que chaque mot prononcé ou écrit reflète notre niveau de professionnalisme et la qualité de notre travail. Nous faisons le maximum pour nous améliorer. Nous sommes patients et reconnaissants quand une correction nous est suggérée.*".

Encore une fois ce Principe Opérationnel pourrait paraître à certains comme du détail. Nous avons fait le choix de ne pas employer d'anglicismes, de ne pas être *trendy*, et de ne jamais parler de *social media* ou de *pay per click* à nos clients. Nous préférons dire "à la mode", "réseau social", et "publicité payante au clic".

Souvenez-vous que l'un des principes essentiels de la stratégie Océan Bleu que j'ai mentionnée précédemment dans ce livre, est justement de "*savoir à quels clients vous vous adressez et renoncez à une certaine clientèle*".

Vous touchez ainsi une clientèle à qui votre concurrence ne s'adresse pas forcément. Quand j'ai démarré mon activité Le Marketeur Français, j'ai vite constaté que dans le secteur du conseil en marketing pour les petites entreprises, on emploie bien souvent un jargon incompréhensible par le patron d'une PME - ou du moins inintéressant.

Bien souvent, certains consultants tentent de masquer un manque de compétence par un emploi de termes compliqués *hype* ou *trendy,* négligeant ainsi de se concentrer sur l'essentiel.

Le fait de ne pas prendre le temps de clarifier son message, de le rendre limpide, de vérifier qu'il est exprimé dans un français correct est un manque de prévoyance. Je ne veux pas commettre une erreur de communication qui offrira à mes concurrents des clients potentiels.

La pensée stratégique d'un Numéro 1

Cette charte que je viens de décrire, c'est évidemment le genre de réflexion qu'on ne peut pas se permettre si votre entreprise est perpétuellement en panique, si vous courez perpétuellement d'un incendie à l'autre.

En effet, vous ne pourrez pas songer à cela si vous manquez de ventes et de clientèle, parce que pour garder votre position de Numéro 17 sur le marché, vous avez fort à faire.

À l'opposé, le simple fait de disposer de ce document, le simple fait d'avoir pris la peine et le temps d'élaborer un tel document vous permet de communiquer avec votre client que vous avez des exigences de qualité. Vous lui montrez votre exigence envers vous-même et envers votre équipe.

C'est ce que je fais : Je défends mes valeurs à travers tous les Principes Opérationnels que j'ai édifiés.

Réalisez simplement cet exercice et vous communiquerez très subtilement à votre clientèle des valeurs et des principes que ne peuvent pas avoir vos concurrents - parce que vous êtes le leader, le Numéro 1. En procédant ainsi, la concurrence n'aura pas d'autre choix que de suivre vos innovations et de se référer aux valeurs que vous défendez.

CHAPITRE 11.
Le véritable objectif

Ce qui fait la différence entre succès et échec

Au cours de ma carrière d'entrepreneur, j'ai toujours été fasciné par ce qui fait la différence entre les personnes qui démarrent une entreprise et celles qui se créent en réalité un autre "job".

Ce "job" est en général une activité extrêmement chronophage, peu rentable et qui leur consomme beaucoup de temps et d'énergie. Ce type d'activité les mène droit au divorce et leur cause bien des cheveux blancs. Ils se sont, en réalité, créé un cauchemar avec cette activité qui n'est absolument pas rentable.
Puis vient le triste moment où ils doivent fermer cette entreprise et chercher à retrouver un emploi salarié.

Pour moi, créer une entreprise c'est bien autre chose que de se "créer son propre emploi". C'est créer une entité indépendante et ambitieuse, qui me libère du temps et me permet d'acquérir une grande sécurité financière.
Et c'est aussi la façon de penser des Numéro 1 que j'ai rencontrés et côtoyés. Leur activité leur permet de

vivre de leur passion et d'apporter énormément de valeur à leurs clients.

Deux secrets du succès

Je pose régulièrement à des mentors la question de savoir ce qui, selon eux, est le plus grand facteur du succès.
Deux réponses m'ont particulièrement marqué parce que je les ai reçues la même année et parce que j'ai compris qu'elles étaient la clé de toutes les autres réponses plus pragmatiques données par d'autres mentors.

Lors d'un séminaire, j'ai échangé avec Richard Bandler, le co-créateur de la PNL (Programmation Neuro-Linguistique) qui m'a dit que selon lui l'objectif Numéro 1 que devrait tenter d'atteindre toute personne qui veut réussir est "d'apprendre à mieux penser".

Quelques mois plus tard Dan Sullivan, fondateur de Strategic Coach, auteur et conférencier reconnu, me disait que selon lui, la compétence la plus importante pour un entrepreneur qui veut se créer de la liberté grâce à son entreprise est "d'apprendre à réfléchir à sa façon de penser".

Mieux penser

Voici ce qu'il faut retenir de ces deux conseils. Le premier conseil vous fait prendre conscience que les limites qui vous bloquent et qui vous empêchent d'atteindre votre objectif ne viennent absolument pas de contraintes extérieures.

Ce ne sont pas des limites imposées par votre marché, ni par les lois ou régulations de votre type d'activité.
Ces limites qui vous bloquent ne sont nullement liées aux actions, récriminations et choix de prix de produits de votre concurrence. Au contraire, ces limites que vous avez sont purement internes. Elles sont totalement liées à votre façon de concevoir vos problèmes, à votre façon de définir vos objectifs, et à votre façon de faire le suivi de vos problèmes.

Pour franchir ces limites, le second conseil, celui de Dan Sullivan, est crucial.

Prendre du recul

Quant au deuxième conseil, celui de Dan, l'enseignement qu'on peut en tirer est aussi très bénéfique.
Il vous fait comprendre que si vous voulez mieux penser, mieux choisir vos objectifs et mieux trouver des solutions à vos problèmes, il vous faudra donc régulièrement prendre le temps de réfléchir à votre actuelle façon de penser afin de l'améliorer..

Vous devez avoir des objectifs et mieux suivre la réalisation de vos projets.

Quelle est votre façon de définir vos objectifs ?

Quelle est votre méthode pour résoudre vos problèmes ?
D'ailleurs, avez-vous une méthode pour résoudre un problème ? Ou alors, vous contentez-vous uniquement de taper dessus avec un marteau jusqu'à ce que ce problème disparaisse?

J'ai pour intime conviction que la meilleure méthode pour améliorer votre façon de penser est de vous entourer de personnes qui ont un niveau de pensée supérieure, et de mettre en action le formidable mécanisme adaptatif de votre cerveau. Cela vous aidera sûrement à penser mieux, plus vite, plus grand et plus efficacement. Regroupez autour de vous des personnes exceptionnelles et assimilez petit à petit leur façon de penser.

Voici l'objectif réel qu'il y a à s'entourer de personnes qui sont les Numéros 1.

Comment faire évoluer tout un marché

Je pense que si davantage d'entrepreneurs se donnaient les moyens de leurs ambitions, et se donnaient les moyens d'être le Numéro 1 dans leur secteur, ils répandraient auteur d'eux leurs propres Principes Opérationnels.

En se donnant la peine et les moyens d'apporter plus de valeur sur le marché, bon nombre d'entrepreneurs exposeraient leurs propres convictions sur la façon dont devraient se faire les choses. Et c'est de cette manière courageuse qu'on peut améliorer tout un marché.

Les valeurs du Numéro 1 se répandent aux autres

Quand j'ai démarré mon activité, quasiment aucun de mes concurrents dans le coaching en séduction ne proposait de garantie "satisfait ou remboursé", et ce fut d'ailleurs l'un de mes arguments de vente majeurs.

Je propose toujours une garantie "*Satisfait ou Remboursé*". Par exemple, pour mes ateliers, lorsqu'un participant vient assister à un de mes ateliers et n'est pas satisfait à l'issue des 2 ou 3 jours, voire 5 jours, que dure l'atelier, alors, non seulement je lui rembourse ses frais de participation mais je rembourse

également ses frais de déplacement en avion ou train en France Métropolitaine.
C'est une garantie imbattable qui m'a valu beaucoup d'inscriptions et, à ce jour personne n'a demander à faire jouer cette garantie. Pourtant, j'ai formé chaque année des centaines de personnes personnellement via mes ateliers et mes séminaires.

Aujourd'hui cette garantie a inspiré d'autres formateurs à proposer à leurs clients des garanties de satisfaction qui permettent aux clients d'être plus en confiance quand ils s'inscrivent.

Loin de voir l'implémentation de ces garanties chez mes concurrents comme une menace envers l'un de mes arguments de vente les plus forts, je vois cela davantage comme un ajout de valeur qui profite à tous nos clients. C'est donc une évolution positive sur mon marché.

Vous ne pouvez que gagner

Il y a une notion que je veux que vous gardiez à l'esprit. Être Numéro 1 c'est choisir un objectif, et choisir par vous-même l'unité de mesure de cet objectif. Dites-vous que vous allez jouer un jeu dont vous êtes l'unique joueur, dites-vous aussi que vous êtes le créateur des règles de ce jeu, et l'unique arbitre.

Ne vous laissez pas distraire par ce que pourrait dire votre concurrence. Ne vous souciez pas non plus des critiques qui s'acharneront sur votre projet quand vous le lancerez. Et surtout, ne vous préoccupez pas de l'atmosphère générale et la déprime que les médias veulent bien faire véhiculer car c'est justement ce qui fait vendre les journaux.

Restez serein et concentré sur votre objectif d'être le Numéro 1. C'est alors que vous allez apporter beaucoup de valeur sur votre marché, et en le faisant, vous ne pourrez que réussir.

Chapitre 12.
Pourquoi vous pouvez (et devez) être le Numéro 1

Vous êtes spécial

Vous êtes une personne spéciale. Vous faites partie d'un tout petit groupe. Les 1% parmi les 1% qui sont destinés à quelque chose d'exceptionnel.

Comment je le sais ?
Premièrement, vous vous êtes lancé dans la lecture de ce livre dont la promesse est de "Devenir et rester le Numéro 1". Cette promesse s'adresse à un profil bien particulier, à une personne qui ne se complaît pas dans la médiocrité, et qui veut (et peut) réaliser de grandes choses.

Deuxièmement, vous avez lu ce livre jusqu'au dernier chapitre ! Autrement dit, vous n'avez pas été rebuté par l'idée "d'apporter davantage de valeur que quiconque sur votre marché". Et vous faites partie de cette espèce rare : ceux qui terminent ce qu'ils ont commencé.

Je vous fais tous ces compliments en toute sincérité, et sur un ton sérieux, car vos qualités impliquent aussi une certaine responsabilité.

Si vous **pouvez** être le Numéro 1, alors vous le **devez**. Vous avez des valeurs à défendre. Vous avez un produit ou un service de qualité à proposer. Vos clients méritent le meilleur et, si vous vous contentez de n'importe quelle autre position que la place de Numéro 1, vous leur causez du tort.

J'ai reçu une éducation religieuse, et même si mon sens critique et mes questions mettaient parfois dans l'embarras mes catéchistes, certains textes et métaphores ont marqué ma mémoire car ils expriment des idées de façon imagée et frappante.

L'un de ces citations provient des *Proverbes*, Chapitre 6, versets 10 et 11 :

> *"Je vais faire juste un petit somme", dis-tu, "juste un peu m'assoupir; rien qu'un peu croiser les mains et rester couché un instant".*
> *Mais pendant ce temps, la pauvreté s'introduit chez toi comme un rôdeur, et la misère comme un pillard."*

C'est un texte de deux phrases, extrêmement fort, et voici ce qu'on peut lire entre les lignes : on ne peut pas se reposer sur nos lauriers quand on est destiné à faire de grandes choses.

Quand on est destiné à être le Numéro 1, à faire bouger les choses et faire connaître nos valeurs, on ne peut pas se permettre de se laisser distraire par les influences négatives d'un entourage mal choisi.

On ne peut pas se permettre de se laisser distraire par le succès qu'on a eu auparavant et d'arrêter d'aller de l'avant.

Le Numéro 1 est quelqu'un qui joue seul à son propre jeu et qui cherche toujours à se dépasser. J'ose espérer qu'à l'issue des conseils trouvés dans cet ouvrage, vous continuerez de chercher à vous dépasser. J'espère également que vous allez tout faire pour vous entourer de Numéro 1.

Si vous êtes intéressé par mon MasterMind Les Agisseurs et que vous voulez rejoindre ce groupe d'entrepreneurs qui sont extrêmement motivés à devenir et rester "Numéro 1" et à apporter énormément de valeur, alors je vous invite à poser votre candidature sur :

www.LesAgisseurs.com

Le chapitre manquant ?

Savez-vous quels sont les 3 blocages qui empêchent beaucoup d'entrepreneurs de devenir Numéro 1 ?

Regardez cette vidéo gratuite créée par Sébastien :

http://ToutChange.com/agisseurs

Vous découvrirez comment libérer le Numéro 1 qui est en vous et amener votre vie personnelle et professionnelle au niveau supérieur !

Et recevez également en cadeau, en passant par cette page:

- La newsletter "Le Marketeur Français", avec des conseils concrets par e-mail, en vidéo et en vidéoconférences, pour développer votre entreprise,
- Une formation en vidéo offerte pour découvrir comment vous entourer d'autres "Numéros 1", et créer ou rejoindre un groupe MasterMind,
- Et plusieurs autres surprises et cadeaux !

Autres livres du même auteur

Vivez De Votre Savoir !
À la tête d'une entreprise ayant généré des millions d'euros de ventes en ligne, Sébastien, Le Marketeur Français, révèle ses 8 secrets pour vous concentrer sur votre passion, vivre confortablement de votre savoir, et toucher des milliers de personnes !
ISBN 978-2-9535146-2-9
http://www.vivezdevotresavoir.com

J'aime et J'achète ! *(à paraître)*
Découvrez les 9 principes fondamentaux pour obtenir des milliers de clients et de fans et faites un chiffre d'affaire record grâce aux réseaux sociaux !
ISBN 978-2-9535146-5-0
http://jaime-jachete.com

Qui est Sébastien?

Sébastien, surnommé « Le Marketeur Français », est un entrepreneur dynamique, qui a aidé de nombreuses entreprises (dont 3 des siennes) à atteindre la position de Numéro 1 sur leur marché avec plusieurs millions d'euros de produits et services vendus.

Les succès de Sébastien avec le lancement de ses propres produits et services l'ont amené à créer le groupe MasterMind « Les Agisseurs » afin de partager ses stratégies avec un groupe de personnes ambitieuses et dynamiques, décidées à atteindre leur plus haut potentiel.

Pour contacter Sébastien afin d'obtenir des informations sur son groupe MasterMind, visitez: www.LesAgisseurs.com

Remerciements

Comme chacun des ouvrages de cette série, *Le Chemin Vers Le Sommet* a été un travail d'équipe.
J'adresse donc un remerciement chaleureux à toute l'équipe ToutChange, qui a contribué à l'effort de création et de relecture de l'ouvrage ; tout particulièrement à Mohamadou et Annick qui l'ont transcrit et mis en forme, mais aussi à Emelyne, Emilie, Matthieu qui l'ont relu pour y apporter leurs corrections.

L'idée même de cet ouvrage m'est venue de discussions avec Dan Sullivan, que je remercie ici. Les membres du MasterMind Les Agisseurs ont également collectivement inspiré et aidé à la création de ce livre - et je dois une fière chandelle à Bertrand, Yvan et Eric pour m'avoir aidé à pointer du doigt plus d'une clarification nécessaire dans le manuscrit original.

De même, Géraldine, Laurent, Julien, Brigitte, Walid, Victor, Emmanuel, Anthony, Karinny, Myriam et plusieurs autres m'ont fait confiance en acceptant d'être les premiers à consulter et commenter cet ouvrage lors de sa prépublication, et je les joins à mes remerciements.

Ma relectrice et critique numéro 1 n'a pas été en reste: non seulement elle a relu, complété, supprimé des passages, et annoté d'un million de questions et remarques, mais elle a aussi su me supporter pendant la période intense de préparation du projet ! Merci donc à ma chère et tendre Cécile pour cela et bien plus.

Et enfin, merci à vous, lecteur, pour vous être lancé dans l'aventure qui vous mènera à la place de Numéro 1… une aventure qui commence en apportant davantage de valeur à vos clients dès aujourd'hui !

33404185R00089

Made in the USA
Charleston, SC
14 September 2014